Grand-mère disait...
et elle avait raison !

Jean-Michel Le Corfec

Du même auteur :

Aux Éditions Sud Ouest
Les Métiers de nos grands-mères, 2007.
La Vie d'autrefois dans les Deux-Sèvres, 2007.
La Vie d'autrefois en Loire-Atlantique, 2007.
La Vie d'autrefois en Charente, 2008.
Les Petits Métiers de Paris, 2008.
Quand nos grands-parents faisaient la fête, 2008.

Aux Éditions Geste
Se souvenir de la France paysanne, 2006.
Se souvenir de la Charente, 2006.
Se souvenir de la Touraine, 2007.

Aux Éditions Les Chemins de la mémoire
Ainsi vivaient les paysans, 2004.
Les Foires et les Marchés, autrefois, 2004.
La Folle Épopée des transports modernes, 2004.
La Charente-Maritime, Images d'autrefois, 2004.
Quand la France marchait au pas du cheval, 2005.
Les Commerces de nos grands-mères, 2005.
La Rochelle racontée aux enfants, 2005.
L'Île d'Oléron racontée aux enfants, 2005.
La Folle Aventure de Gaston Barré, constructeur d'automobiles à Niort, 2004.
Visite historique de Carcassonne, 2005.
Visite historique des châteaux cathares, 2005.

Création graphique : Marie Zuurbier
ISBN : 978-2-87901-959-8

Grand-mère disait...
et elle avait raison !

Jean-Michel Le Corfec

Illustrations de Jean-Pierre Thévenin

1 500 dictons, proverbes et sentences de bon sens du monde paysan

ÉDITIONS SUD OUEST

****

À Ernestine et Jeanne, mes grands-mères,
À Yvonne, ma belle-mère.

« **Les proverbes** sont de courtes maximes tirées d'une longue expérience. Ils sont la **sagesse des nations.** »

Sancho Panza dans Don Quichotte, *de Miguel de Cervantes*

****

Avant-propos

Autant que je m'en souvienne, le petit garçon de dix ans que j'étais il y a cinquante ans – un demi-siècle ! – ne passait pas une journée de « grandes vacances » sans entendre ses grands-mères, Jeanne et Ernestine, lui proclamer, d'une voix sentencieuse, un, deux ou trois dictons, voire plus.

Je m'en souviens comme si c'était hier, et d'ailleurs… c'était hier. Que je fusse chez l'une ou chez l'autre, à Pluzunet, petit bourg des Côtes-du-Nord (aujourd'hui, les Côtes-d'Armor), le rituel était le même. Sitôt levées, elles décollaient une page – celle de la veille –, fine comme du papier à cigarette, d'un épais éphéméride, dont seuls les dessins humoristiques avaient, jusque-là, retenu mon attention.

– Ah ! me dit un jour ma grand-mère Ernestine, tu vas être privé de flan d'œuf !

Devant mon incompréhension – il ne me semblait pas avoir fait de bêtises –, elle ajouta en lisant la feuille du jour :

– Eh oui ! Nous sommes le 2 août. C'est la Saint-Eusèbe, et à la Saint-Eusèbe, la ponte des poules est faible. C'est comme ça ! C'est le dicton du jour ! Tu vois, c'est écrit là.

Il est évident que le petit citadin que j'étais, qui ne connaissait même pas cet Eusèbe, ne crut pas un mot de ce « dicton », comme disait grand-mère Ernestine. Des sornettes, oui ! Force me fut pourtant de constater que, de toute la journée, je ne trouvai pas un seul œuf dans le poulailler, où j'allais chaque jour. Un poulailler où, j'en suis sûr, il y avait douze poules ! J'étais étonné, bluffé, comme dirait aujourd'hui mon petit-fils.

Le soir, en m'endormant, je me pris à croire que le calendrier n'avait peut-être pas tort, tout en rêvant aux truites que, le lendemain, je ne manquerais pas de pêcher dans le Guer ; ma canne était prête, et toute l'après-midi, j'avais fait provision de sauterelles.

Le lendemain matin fut celui de la désillusion. Il pleuvait tant que ma partie de pêche était, elle aussi, à l'eau. Devant mon air contrit, ma bonne Ernestine crut bon de me réconforter en me disant :

– Tss ! Tss ! Pluie du matin n'arrête pas le pèlerin. C'est le dicton qui le dit.

J'avoue que je n'y comprenais rien. Qu'est-ce qu'un pèlerin avait à voir avec moi ?

– Tu partiras après déjeuner, me dit ma grand-mère, tu verras, il fera beau et chaud… et je compte sur toi pour le dîner !

Comme par miracle, sa prédiction se réalisa, pour mon plus grand bonheur… et le malheur de six truites. C'était sans doute une coïncidence !

J'ai, je l'avoue, commencé à croire plus ou moins aux dictons la semaine suivante, chez mon autre grand-mère, Jeanne.

Nous étions le 12 août. L'après-midi était si chaude que j'avais écourté ma promenade à vélo.

– Tu n'oublieras pas de rentrer ta bicyclette, m'apostropha Jeanne, il va pleuvoir.

– Pleuvoir ? Répondis-je, mais *mamm gozh*[1], il n'y a pas un seul nuage !

Quand j'y repense, je me souviens avoir hésité à rajouter « pour une fois ». Je ne voulais pas la blesser ; elle était très susceptible sur le temps qu'il faisait en Bretagne. Je comprends aujourd'hui ce qu'elle voulait dire, mi-riant, mi-sérieuse : « Tu apprendras, *bihan*[2], qu'ici, il fait beau plusieurs fois par jour ! »

La pluie, je n'y croyais vraiment pas pour ce jour-là.

---

1. *Mamm gozh*, littéralement « maman vieille » en breton, autrement dit grand-mère. On peut également écrire « *Mam goz* ».
2. *Bihan* signifie « petit » en breton. C'était, dans ce cas, plutôt affectueux.

– Tss ! Tss ! Tu verras, sourit-elle, le coq a déjà chanté deux fois et « Gwenn ha du[3] » (c'était le nom du chat) n'arrête pas de se gratter l'oreille.

– Ah ! Marmonnais-je, me demandant, sérieusement, si ma grand-mère avait toute sa tête.

Deux heures plus tard, les pluies d'orage étaient si fortes que je ne pus même pas mettre mon vélo à l'abri.

– Tu ne m'as pas crue, n'est-ce pas ? me gronda gentiment ma grand-mère.

– Mais, comment as-tu su ? répondis-je, penaud.

Jeanne commença alors, avec délectation, à expliquer à l'enfant que j'étais quelques dictons – elle en connaissait des dizaines par cœur –, dictons que lui avaient transmis ses parents et ses grands-parents. C'est ainsi que j'appris qu'il allait pleuvoir sous peu quand les coqs chantaient l'après-midi et que les chats se passaient la patte derrière l'oreille.

J'avoue que les dictons d'Ernestine et de Jeanne excitèrent, quelque temps, ma curiosité, mais, en grandissant, je finis par ne plus y penser. Jusqu'au jour où…

Jusqu'au jour où je fus présenté à ma future belle-mère. J'avais 23 ans. Elle s'appelait Yvonne, et était née dans l'Yonne en 1908, près de vingt ans après mes deux grands-mères bretonnes. Il ne me fallut que quelques jours pour me rendre compte qu'elle ne vivait qu'à l'heure des dictons. Elle en connaissait des centaines, beaucoup plus que mes grands-mères, et surtout, elle avait le don de vous en distiller, un ou deux par jour, toujours bien à propos. Mais, fille d'agriculteur et femme de vigneron, elle connaissait également tous les « trucs » ancestraux liés, par exemple, à la Lune.

Yvonne, qui consultait son calendrier tous les jours, m'apprit, par exemple, que je devais tailler mes rosiers à la lune décroissante – elle disait descendante –, et faire mes plantations à la lune croissante – elle disait montante. Et il s'avéra qu'elle avait raison. Elle me disait que c'était une question de sève. J'appris bien plus tard qu'elle suivait, sans le savoir, le calendrier lunaire appelé aujourd'hui « calendrier biodynamique ». Quant aux termes « croissante » ou « décroissante », il me fallut, pour les comprendre, regarder le ciel, ce que ne manquaient pas de faire nos aïeux.

Si la courbe du croissant était semblable à celle du p, comme **p**remier quartier, la lune était croissante. Si, à l'inverse, la courbe était semblable à celle du d, comme **d**ernier quartier, la lune était décroissante. Évident, non ?

À Tannay, petit village de la Nièvre où elle habitait, Yvonne ne faisait ses confitures qu'en lune descendante et me tançait si je ne mettais pas mon vin en bouteilles dans cette période-là. Il n'y avait pourtant pas de sève dans les confitures, ni dans le vin. Qu'importe, je pus me rendre compte, au vu des résultats, qu'elle aussi avait raison. Toujours raison !

Ma chère belle-mère ne manquait jamais de se moquer de mon esprit cartésien d'alors, notamment à propos de ses fameux dictons. Aujourd'hui, alors qu'elle n'est plus là, je me surprends à dire, comme elle, à mes petits-enfants : *Rougeur du soir, espoir* ; *ciel pommelé n'est pas de longue durée*, ou *araignée du matin, chagrin.* J'ai aujourd'hui, comme elle l'avait, la certitude, qu'*À la Sainte-Catherine, tout bois prend racine,* et que nous aurons toute l'année le vent que nous avons eu pour les Rameaux.

C'est vrai, je me plais à croire aux dictons, en hommage à Yvonne, mais aussi à Ernestine et Jeanne…

Comme vous, j'en suis sûr.

3. En breton, *Gwenn ha du* signifie « blanc et noir ». C'était la couleur du chat de ma *mamm gozh* Jeanne, et… c'est toujours celui du drapeau breton.

****

Introduction

Au début du XXe siècle – il y a tout juste cent ans, c'est-à-dire hier –, les paysans, au nombre de 8,8 millions (en 1906), représentaient 43,6 % de la population active nationale. Aujourd'hui, leurs successeurs, les agriculteurs, ne sont plus guère que 657 000, soit moins de 3 % de cette même population active. Mais, les chiffres ne sont pas les seuls à avoir changé. Avant la mécanisation et l'usage intensif des produits phytosanitaires, le paysan ne pouvait compter que sur ses bras, ses bœufs et ses chevaux pour labourer, semer et récolter. Encore fallait-il l'aide du ciel, car les travaux des champs se devaient de respecter le rythme des saisons. Dans la France très croyante d'alors, l'aide du Ciel et de ses 40 000 saints, pour la plupart aujourd'hui oubliés, inscrits au martyrologe officiel de l'Église catholique, était également la bienvenue. Le journal météo et les ingénieurs agricoles n'existant pas, nos ancêtres s'en remettaient aux dictons et proverbes, souvent frappés au coin du bon sens… paysan et transmis de génération en génération. N'allez pas y voir de la superstition ; ils avaient simplement l'intelligence d'observer la nature et de s'en remettre à elle, sans chercher à la forcer – en vivant, ne l'oublions pas, à l'heure solaire ! Ils savaient également, et mieux que personne, que cette nature qui les faisait vivre, tant bien que mal, avait toujours le dernier mot. C'est toujours le cas au XXIe siècle !

Les almanachs agricoles

Dans les années 1900-1910, les connaissances du noble métier de paysan étaient plus fondées sur la transmission orale des anciens que sur les conseils des institutions existantes (le premier ministère de l'Agriculture date pourtant du 14 novembre 1881). Mais, à l'époque où l'information, écrite, bien entendu, était plus sollicitée que subie, de nombreux foyers ruraux se « tenaient au courant » pour sortir de leur isolement. L'abonnement aux almanachs, catalogues et journaux le leur permettait. C'était également, pour eux, une façon de se perfectionner

dans l'exercice de la lecture et d'en faire profiter les enfants. Les familles qui n'en avaient pas les moyens en profitaient également, car le monde paysan savait faire rimer convivialité avec solidarité.

Tout comme les cartes postales anciennes, ces documents sont, en quelque sorte, le miel de l'ethnographe. Il en est ainsi des almanachs-annuaires qui étaient édités chaque année dans tous les départements français. Le calendrier des travaux agricoles que vous découvrirez, mois par mois, dans cet ouvrage fut publié dans les Pyrénées-Orientales. Il fait partie des trésors du musée de l'Agriculture Catalane de Saint-Michel-de-Llotes. Ce calendrier est similaire, dans les grandes lignes, à celui qui figurait dans tous les almanachs, départementaux ou régionaux, qui trônaient sur tous les buffets de France et qui recelaient d'innombrables autres informations de la plus haute importance. Parmi elles, le calendrier proprement dit avec, notamment, les dates casse-tête des fêtes religieuses mobiles, comme Pâques (fixée officiellement au « dimanche qui suit le quatorzième jour de la lune qui atteint cet âge au 21 mars ou immédiatement après »). Nombre de fêtes religieuses importantes étaient chômées, même après la séparation de l'Église et de l'État, en 1905. Y déroger, c'était s'exposer aux foudres divines. Les dates des foires – moments importants dans la vie des paysans – tenaient également compte de ce calendrier. Suivant les régions, chacune d'entre elles, c'était une règle absolue, se déroulait à l'occasion de la fête d'un saint particulièrement honoré.

365 jours pour 40 000 saints

Vous vous étonnerez peut-être de trouver ici un dicton faisant référence à une Saint-Jean un autre mois que celui de juin. Rien d'étonnant à cela. Dans le calendrier d'antan, chaque jour de l'année correspondait à la fête d'un nombre plus ou moins important de saints, dont certains avaient, pour compliquer les choses, le même prénom. Il existe ainsi près de 100 saints prénommés Jean, tout comme il y a 21 Marguerite et 17 Marc ! Difficile donc de s'y retrouver parmi les 40 000 saints officiels. Seul Dieu pouvait reconnaître les siens[4].

Cela ne troublait pas outre mesure les paysans, qui étaient attachés aux grandes commémorations liées au cycle de la nature. La Saint-Jean-Baptiste et Noël pour les solstices d'été et d'hiver, Pâques et la Saint-Michel pour les équinoxes de printemps et d'automne. Les fêtes religieuses, en fonction de la région, rythmaient et régissaient le temps des labours, des semailles, de la récolte, de la louée des domestiques, du paiement des baux de fermage et, bien sûr, des foires. En somme, une bonne cinquantaine de jours par an !

Leurs mères, épouses et filles, quant à elles, connaissaient toutes les saints les plus importants du jour, dont beaucoup nous sont aujourd'hui inconnus. Nous leur devons, sans doute, nombre de ces proverbes et dictons, à la rime souvent approximative, quelquefois contradictoires, qui font partie, n'ayons pas peur des mots, de notre patrimoine culturel. La preuve, nombre d'entre eux circulent toujours... et pour longtemps !

4. Pour mieux vous y retrouver parmi les quelque 40 000 saints « officiels » de l'Église catholique, je vous conseille vivement de consulter le site : http://nominis.cef.fr

La majorité des dictons et proverbes présentés dans cet ouvrage font partie de la tradition orale des campagnes ; tous font partie du savoir des paysans, appris au cours des siècles dans « le grand livre de la Nature », et, comme le disait Jules Renard : *« Quand on cause avec un paysan, on s'aperçoit qu'on ne sait rien, ou que c'est comme si on ne savait rien, car on ne peut rien lui apprendre. »* (Jules Renard 1864-1910. Extrait de *Journal intime.*)

****

C'est encore mieux en le disant!

Cet ouvrage fait, directement ou indirectement, **référence à la vie quotidienne de nos grands-parents ou arrière-grands-parents, au travers de dictons, proverbes et coutumes.** En ce début du XXe siècle, une très grande partie de la population rurale était très attachée à la religion catholique, malgré la loi de 1905 sur la séparation des Églises et de l'État. Que l'on ne s'y méprenne pas ! En parlant des saints et des fêtes catholiques – qui figurent d'ailleurs sur notre calendrier républicain –, je n'ai fait aucun prosélytisme religieux, mais uniquement mon travail d'ethnographe, dans un esprit laïc. Tout est relatif. Qui pourrait, par exemple, prétendre que le dicton « À la Sainte-Catherine, tout bois prend racine » est une atteinte à notre laïcité républicaine ?

Mois de janvier

Le mois de janvier était baptisé « pluviôse » dans le calendrier républicain à cause de l'abondance de ses précipitations. Pour les paysans, ces pluies n'étaient pas les bienvenues à cette époque de l'année où la terre se reposait. Ils lui préféraient la neige ou le gel, comme l'évoquaient ces dictons : Neige en janvier vaut du fumier *ou* Un mois de janvier sans gelée n'amène pas une bonne année. *Ces dictons relevaient du bon sens, le fameux bon sens paysan. En effet, la neige, chargée d'azote, est un engrais naturel ; quant au gel, il a la propriété d'éliminer la vermine du sol.*

Si le mois de janvier était relativement calme pour le paysan, celui-ci ne se reposait pas pour autant, comme le prouvent les travaux prévus dans les almanachs agricoles du début du XXe siècle :

Agriculture : Transporter les fumiers, les composts, les engrais phosphatés, les cendres, la chaux dans les sols dépourvus de calcaire. Défoncer les sols. Défricher landes et vieilles luzernes. Entretenir les dérayures dans les champs de céréales. Donner aux volailles une nourriture chaude. Vérifier le matériel de la ferme et faire les réparations nécessaires. Répandre les engrais phosphatés, les cendres et les fumiers, par temps sec pour « démousser » et aérer.

Au cellier : Procéder aux soutirages[5], continuer les ouillages[6] en ayant soin de bien nettoyer la bonde à chaque fois et de changer le linge qui entoure le bouchon. Ce mois est favorable pour la mise en bouteilles des vins bien dépouillés des années précédentes ; choisir un temps sec, clair, accompagné de vent du nord ou du nord-ouest.

Arboriculture et horticulture : Racler et pulvériser au lait de chaux le tronc et les grosses branches des arbres fruitiers. Travailler le pied des arbres, arracher les arbres morts et remplacer la terre. Commencer les plantations d'arbres fruitiers. Enfouir les engrais à décomposition lente. Procéder à la taille d'hiver. Ouvrir les fosses pour les plantations d'asperges. Semer : – en pleine terre : carottes hâtives, laitues, oignons blancs hâtifs, choux pommés ; – sur couche : tomates, piments, aubergines, céleri.

Bétail : Engraisser à l'étable et à la bergerie les bœufs et moutons. Diminuer les rations des animaux de travail. Soigner l'alimentation des vaches.

---

5. Soutirage : action de transvaser le vin d'un fût à l'autre, afin que la lie reste dans le premier.
6. Ouillage : action de remplacer, dans les tonneaux, le vin évaporé durant la fermentation.

dictons

Sécheresse de janvier :

Janvier sec et sage
Est un bon présage.

Sécheresse de janvier,
Richesse de fermier.

ou

Sécheresse de janvier,
Richesse de février.

Sec janvier
Heureux fermier.

Neige de janvier :

Si janvier ne prend
son manteau,
Malheur aux arbres,
aux moissons, aux coteaux.

Neige en janvier
Vaut du fumier.

Neige en janvier,
Blé au grenier.

En janvier, la neige s'assied
comme un cavalier,

En février, elle fuit comme un chien lévrier.

En janvier, lorsque la neige tombait, elle avait de grandes chances, compte tenu de la basse température du sol, de ne pas fondre aussitôt. « Elle attend l'autre », disait Yvonne. En février, il s'agissait plutôt de « neige mouillée » ou de « neige fondue », comme disait la même Yvonne, et cette neige, c'est vrai, se transformait immédiatement en eau qui s'écoulait « à la vitesse d'un lévrier ».

S'il ne neige pas en janvier,
Il neigera en mai et en avril.

Tous nos anciens vous le diront, de Nantes à Reims, en passant par Avignon ou Bordeaux, une année sans neige était inimaginable il y a quelques décennies. Si elle ne tombait pas en hiver, comme il se devait, elle se rattrapait, malheureusement pour les récoltes, au printemps. À ce propos, ceux qui vivent à La Rochelle, Saint-Brieuc, Bordeaux ou Paris se souviennent-ils de leur dernière année de neige ? Le météoscope que je vous propose chaque mois vous permettra, si vous y notez le temps qu'il fait chaque jour, de vous le remémorer plus facilement !

Pluie de janvier :

Janvier ne veut pas
Voir pisser un rat.

Janvier d'eau chiche
Fait le paysan riche.

Quand il ne pleut pas en janvier,
On doit étayer le grenier.

Janvier détrempé,
Signe de cherté.

Pluie de janvier, cherté,
Brouillard de janvier, mortalité.

Ces dictons signifient que le paysan souhaitait, pour janvier, un temps de saison, froid et sec, qui amenderait, protégerait et favoriserait ses semailles. Le soleil (voir ci-dessous) faisait germer ses semences trop vite et la pluie risquait de les faire pourrir.

Soleil de janvier :

L'or du soleil en janvier
Est or que l'on ne doit envier.

Mieux vaut chien enragé
Que chaud soleil en janvier.

Froid de janvier :

Un mois de janvier sans gelée
N'amène pas une bonne année.

Janvier frileux
Gèle l'oiseau sur ses œufs.

Au mois de janvier,
Mieux vaut voir le loup dans les champs, qu'un homme en chemise.

C'était ainsi. En janvier, il devait faire froid. Un temps qui obligeait les loups à sortir des bois pour errer dans les champs à la recherche de la moindre nourriture : un campagnol, une taupe, une vermine… C'était un temps de saison normal. Ce ne l'était pas lorsque le paysan tombait la veste…, et chacun savait, une fois de plus, qu'il faudrait payer, un jour ou l'autre, cette météo qui ne respectait pas le rythme des saisons.

Entre le 10 et le 20 janvier,
Les plus contents sont les drapiers.

Car l'on considère que ces 10 jours sont les plus froids de l'année.

En janvier,
Le froid je te recommande.

Gelée en janvier, Blé au grenier.

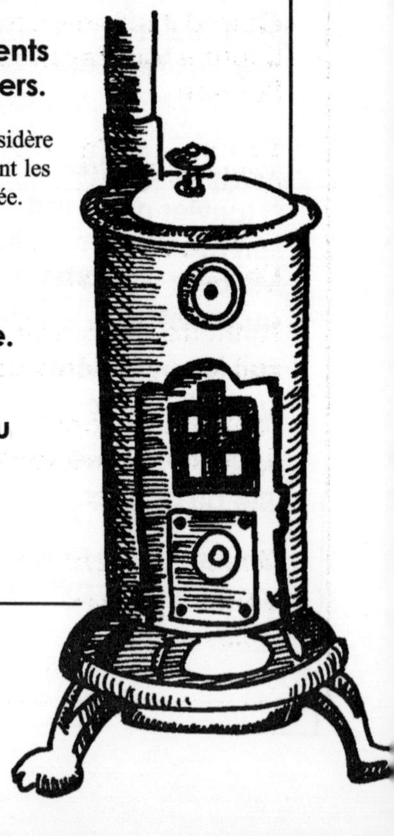

Brouillard de janvier :

Brouillards en janvier,
Mortalité de toutes parts.

Tonnerre de janvier :

Tonnerre en janvier,
Récolte en quantité.

Quand il tonne en janvier,
Le vin remplira le cellier.

Quand il tonne au mois de janvier,
Tu peux monter les barils au grenier.

Quand il tonne en janvier,
Il tonne tous les mois de l'année.

S'il tonne en janvier,
C'est du fumier.

Quand il tonne en janvier,
L'hiver est avorté.

Tonnerre de janvier
Fait les cimetières combles.

Tonnerre de janvier,
Il faut avoir une santé de fer.

Vent de janvier :

Vent en janvier,
Pluies en juillet.

Lune de janvier :

La lune de janvier
prévient l'amour.

Si on l'a dit…

Animaux en janvier :

Quand le crapaud chante en janvier,
Serre ta paille, métayer.

Si la grive chante au mois de janvier,
Bouvier, prends garde à ton grenier.

Amour en janvier :

Amourettes de janvier,
Pour Pâques, mariage,
Pour Noël, langes.

Tout cela semble respecter les normes morales alors en vigueur. Deux à 3 mois pour « concrétiser », par le mariage, une amourette (mais les fiançailles étaient obligatoires) et environ 9 mois pour la naissance du fruit de cet amour. Mais les « mauvaises langues » étaient à l'affût et comptaient les mois de grossesse. À moins de 9 mois révolus, elles disaient que les mariés avaient « fait Pâques avant les Rameaux ».

Dictons généraux de janvier :

****

Les douze premiers jours de janvier
Indiquent le temps qu'il fera les douze mois de l'année.

À votre météoscope pour pouvoir, plus tard, le vérifier !

Janvier et février
Comblent ou vident les greniers.

Février, le plus court,
Est le pire de tout.

Garde-toi du mois de janvier,
Comme un voleur au grenier.

S'il fait vent, nous aurons la guerre,
Et si l'on voit épais brouillards,
Mortalité de toute part.

Si l'hiver n'arrive pas en janvier,
Il arrive le 2 février.

Janvier, ne te glorifie pas pour tes beaux jours,
Car le février te suit de près.

Les beaux jours de janvier
Trompent l'homme en février.

Quand janvier est bon laboureur,
Février n'est pas son frère.

Autant de bonnes journées de janvier,
Autant de mauvaises en mai.

Compte bien que fin janvier,
Tu as mangé la moitié de ton grenier.

En janvier, le médecin perd
Et le fossoyeur gagne.

Janvier était, effectivement, le mois où l'on craignait pour la vie des malades.

Janvier, froid ou tempéré,
Passe-le bien couvert.

Janvier,
La vieille dans le foyer.

Par « foyer », il faut entendre l'âtre de la grande cheminée où des bancs permettaient aux plus vieux de chauffer leurs vieilles douleurs, les rhumatismes, et d'éviter les refroidissements. Les femmes en profitaient pour tricoter, repriser, écosser des haricots secs ou « énoiser » les noix.

Qui se saoule le premier janvier,
Se saoule toute l'année.

Ce dicton est à rapprocher de *Qui a bu, boira* !

et les saints ???

À quel saint se vouer en janvier ?

****

1er janvier : ....

Saint-Clair porte quarantaine.

> Entendez « Le temps qu'il fait le premier janvier, fête de saint Clair du Dauphiné, dure quarante jours ! »

3 janvier : ....

Sainte Geneviève ne sort point,
Si saint Marcel ne la rejoint.

> Saint Marcel Ier, trentième pape et martyr, mort en 309, était fêté le 16 janvier. Il était l'un des saints patrons des grainetiers, et par là, invoqué par les paysans.

4 janvier : ....

Le jour de la Saint-Odilon
Ne ramène rien de bon.

De Sainte-Pharaïlde la chaleur,
C'est la colère et notre malheur.

> Patronne de la ville de Gand, en Belgique, décédée en 710.

5 janvier : ....

À la Saint-Gerlac le temps froid et serein,
L'année sera bonne et fertile, c'est certain.

> Gerlac était un ermite hollandais, mort en 1170.

À la Saint-Siméon,
La neige et les tisons.

7 janvier : ....

S'il gèle à la Saint-Raymond,
L'hiver sera encore long.

> Il s'agit de saint Raymond de Penafort, moine dominicain espagnol du XIIIe siècle.

8 janvier :

Au jour de Sainte-Gudule,
Le jour croît, mais le froid ne recule.

Sainte Gudule (712) est la sainte patronne de Bruxelles.

Temps de Saint-Lucien,
Temps de chien.

9 janvier :

Saint Julien brise la glace,
S'il ne la brise, il l'embrasse.

Il s'agit de saint Julien l'Hospitalier.

Pour Saint-Julien,
Le froid nous vient.

10 janvier :

Beau temps à la Saint-Guillaume
Donne plus de blé que de chaume.

Il s'agit de saint Guillaume de Bourges.

12 janvier :

Arcade et Hilaire
Gèlent les rivières.

Saint Hilaire était fêté le lendemain de la Saint-Arcade.

13 janvier :

Soleil au jour de Saint-Hilaire,
Rentre du bois pour ton hiver.

Soleil et chaleur à la Saint-Hilaire
N'indiquent pas la fin de l'hiver.

À la Saint-Hilaire,
Le vin gèle dans le verre.

Si la Saint-Jacques est serein,
L'hiver sera dur et chagrin.

Le saint Jacques évoqué ici est saint Jacques de Nisibe.

14 janvier :

Soleil de Sainte-Nina,
Pour un long hiver, rentre ton bois.

15 janvier :

À la Saint-Maur,
Tout est mort.

Le quinze janvier,
Maur réjouit les chaudronniers.

D'habitude, à la Saint-Maur,
La moitié de l'hiver est dehors.

16 janvier :

Saint Marcel Ier, qui fut pape, était le saint patron des grainetiers.

Prépare pour saint Marcel,
Tes graines nouvelles.

17 janvier :

Fêté le 17 janvier, saint Antoine le Grand, ermite que la statuaire religieuse représente avec un cochon à ses pieds, était très populaire dans les campagnes et il l'est toujours en Corse. Disparu du calendrier actuel au profit de sainte Rosalie, il ne faut pas le confondre avec saint Antoine de Padoue, fêté, lui, le 13 juin.

Le jour, à la Saint-Antoine,
A augmenté d'un dîner de moine.

À Saint-Antoine grande froidure,
À Saint-Laurent grands chauds ne durent.

18 janvier :

Neige à Sainte-Prisca
Va apporter une belle année que voilà.

Prisca est un diminutif, ou une déformation, du prénom féminin Prisque, vierge et martyre du début de la chrétienté (en 54), appelée aussi Priscille. La variante moderne en est Priscilla.

20 janvier :

À la Saint-Sébastien,
L'hiver reprend ou se casse les dents.

À la Saint-Sébastien,
L'hiver s'en va ou revient.

22 janvier :

Saint-Vincent, claire journée,
Nous annonce une bonne année.

À la Saint-Vincent,
L'hiver meurt ou reprend.

À la Saint-Vincent,
Tout dégèle ou tout fend.

À la Saint-Vincent,
L'hiver monte ou descend.

À la Saint-Vincent,
Les glaçons perdent leurs dents,
Ou les recouvrent pour longtemps.

Si le jour de la Saint-Vincent
Le soleil est clair et beau,
On aura plus de vin que d'eau.

Depuis des siècles, tous les vignerons de France fêtent leur saint patron le 22 janvier. Le dimanche le plus proche de cette date est l'occasion d'une grande fête païenne et religieuse, organisée par chaque Confrérie de Saint-Vincent.
L'emblème des confréries est en général le « bâton de saint Vincent », communément appelé « le bâton », longue pièce de bois de section circulaire, terminée à une extrémité par la statue du saint, parfois encadrée de palmes plus ou moins stylisées, et fréquemment surmontée d'une couronne ou d'un dais. Certains de ces bâtons sont des chefs-d'œuvre d'art populaire. Selon les confréries, le bâton, parfois remplacé par une statue du saint, est conservé à l'église paroissiale, avec sa bannière, ou détenu, pour une année, par un vigneron volontaire. Le jour de la manifestation, celui qui a gardé le bâton devient le « rendant », alors qu'une année plus tôt il était le « prenant », et il est d'usage que le rendant et le nouveau prenant offrent à boire aux membres de la confrérie à l'issue d'une messe haute en couleurs.

À noter qu'il existe plus de dix saints prénommés Vincent. Notre patron des vignerons, mais aussi des cafetiers et vinaigriers, était un diacre de Saragosse, en Espagne, qui fut martyrisé en l'an 304.

À la Saint-Vincent, le vin monte au sarment,
Et s'il gèle, il en descend.

Quand il fait beau à la Saint-Vincent,
Les vignerons sont toujours contents.

Saint Barnard, archevêque de Vienne (Isère) au IXe siècle, était le saint patron des bouviers.

23 janvier :

Saint-Barnard ensoleillé
Rend le vigneron gai.

Évêque d'Antioche, martyrisé en 250.

24 janvier :

Neige de la Saint-Babylas,
Bien souvent, on s'en lasse.

25 janvier :

À la conversion de saint Paul,
L'hiver se rompt le col.

Saint-Pierre et Saint-Paul pluvieux,
Trente jours seront dangereux.

Quand il pleut et il fait soleil,
S'ouvrent les portes de Saint-Paul.

Quand il pleut et il neige,
S'ouvrent les portes de Saint-Pierre.

Largement cultivé au début du XXe siècle, le millet était une céréale utilisée aussi bien dans l'alimentation humaine que comme fourrage. Les paysans de Brière, en Loire-Inférieure – aujourd'hui, Loire-Atlantique –, appréciaient particulièrement le millet, qu'ils consommaient soit cuit dans du lait bouillant, soit frit au beurre roux.

Soleil de Saint-Priest,
Abondance de millet.

28 janvier :

Saint-Charlemagne,
Février en armes.

29 janvier :

S'il gèle à la Saint-Sulpice,
Le printemps sera propice.

30 janvier :

Prends garde à la Sainte-Martine,
Car souvent l'hiver se mutine.

À la Saint-Hippolyte,
Bien souvent, l'hiver nous quitte.

Ce dicton, apparemment elliptique, signifie simplement qu'en cette fin de janvier, où l'on fêtait « l'empereur à la barbe fleurie », grand guerrier s'il en fut, le froid cédait la place à la pluie et au vent du mois de février, justement appelé « ventôse » dans le calendrier républicain. Cependant, ce « sacré Charlemagne », patron des écoliers, n'était considéré comme saint que dans le nord de la France et, bien entendu, dans son fief d'Aix-la-Chapelle, en Allemagne. Il le devait à la pression d'un autre empereur germanique, Frédéric Ier, connu sous le nom de Barberousse, qui le fit canoniser en 1165. Mais Rome révisa sa copie. Charlemagne n'est plus un saint, mais un simple « bienheureux ». C'est déjà beaucoup pour quelqu'un qui défendait l'Église, et surtout son royaume, les armes à la main. Qu'importe ! Il y eut des milliers d'enfants prénommés Charlemagne, tout comme, dix siècles plus tard, il y en eut d'autres prénommés... Napoléon. Tous les deux avaient un point commun, mais tout empereurs qu'ils aient été, ils ne furent jamais des saints, tant au sens propre qu'au sens figuré. Loin de là, dirais-je !

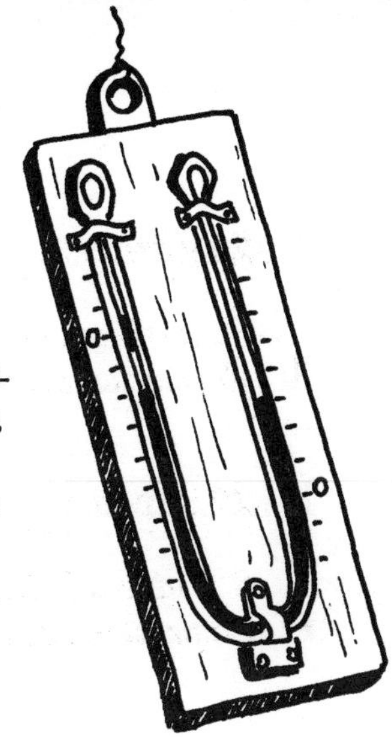

Météoscope du mois de janvier

****

On oublie souvent le temps qu'il faisait, à la même époque, les années précédentes. Pour y remédier, notez ci-dessous, au jour le jour, le temps (température, pluie, soleil, orages, etc.) qu'il a fait durant ce mois. Non seulement vous aurez un repère pour les prochaines années, mais vous pourrez juger de la justesse ou de la véracité de certains dictons.

Année : 20..

1 :..

2 :..

3 :..

4 :..

5 :..

6 :..

7 :..

8 :..

9 :..

Année : 20..

1 :..

2 :..

3 :..

4 :..

5 :..

6 :..

7 :..

8 :..

9 :..

Année : 20..

10 : ....

11 : ....

12 : ....

13 : ....

14 : ....

15 : ....

16 : ....

17 : ....

18 : ....

19 : ....

20 : ....

21 : ....

Année : 20..

10 : ....

11 : ....

12 : ....

13 : ....

14 : ....

15 : ....

16 : ....

17 : ....

18 : ....

19 : ....

20 : ....

21 : ....

Année : 20..

22 : ....

23 : ....

24 : ....

25 : ....

26 : ....

27 : ....

28 : ....

29 : ....

30 : ....

31 : ....

Année : 20..

22 : ....

23 : ....

24 : ....

25 : ....

26 : ....

27 : ....

28 : ....

29 : ....

30 : ....

31 : ....

Remarques générales : ....

....

....

....

Mois de février * *

Si janvier était pour le paysan le mois des pluies, février, était, lui, le mois du vent, comme l'indiquait son appellation dans le calendrier républicain, à savoir « ventôse ». Pour le laboureur, c'était un mois crucial ; en effet, après avoir labouré, il fallait pratiquer les premières semailles en priant les saints du calendrier qu'il ne neige pas vers la fin du mois, car le dicton prédisait : Neige de février brûle le blé. *On espérait plutôt la pluie :* Pluie de février vaut jus de fumier, *ou encore :* Pluie de février remplit les greniers.

Après le mois, plutôt calme, de février, l'activité reprenait partout dans les exploitations agricoles : le vigneron mettait son vin en bouteilles et l'éleveur surveillait la mise bas des agneaux. Mais, il y avait bien d'autres tâches, notamment celles évoquées dans les almanachs, à savoir :

Agriculture : Effectuer les premières semailles si le temps est favorable. Labourer et transporter le fumier pour ensemencement et plantation des vesces, avoine et pommes de terre. Continuer le nettoyage des prairies et étaupiner. Tailler les haies et réparer les clôtures. Mettre en incubation les œufs de poules et de canes.

Viticulture : Récolter et conserver les boutures, continuer la plantation des pieds à remplacer (les manquants). Échauder contre la pyrale. Vers la fin du mois, commencer le badigeonnage des souches atteintes d'anthracnose avec une solution de 40 % de sulfate de fer et 10 % d'acide sulfurique. Procéder au même badigeonnage (sans acide sulfurique) contre les vignes chlorosées. Attacher les jeunes souches aux piquets, préparer les échalas.

Au cellier : Continuer les soutirages, les ouillages et la mise en bouteilles des vins.

Arboriculture et horticulture : Achever la taille des arbres, couper et conserver les greffons, remplacer les manquants. Labourer, défoncer. Semer en pleine terre scorsonères, salsifis, chicorées, carottes hâtives, pois, poireaux, oignons, fèves, persil et cerfeuil. Sur couche, continuer les semis de tomates et aubergines. Planter ail, échalotes, fraisiers, pommes de terre. Biner et fumer les asperges.

Apiculture : Vérifier si les provisions sont suffisantes et nourrir s'il y a lieu. Commander les feuilles gaufrées, les instruments, etc. pour la saison.

Dictons

Sécheresse de février :

**Si février est sec et chaud,
Garde du foin pour tes chevaux.**

Logique, sans pluie, l'herbe ne risquait pas de pousser au printemps, compromettant ainsi la fenaison de juin. Il fallait donc économiser les stocks.

Neige de février :

**Neige de février
Brûle le blé.**

**Neige de février
Fuit comme un lévrier.**

**Neige de février
Tient comme l'eau dans un panier.**

ou

**En février,
La neige tient dans un panier.**

ou

**La neige de février
Est de l'eau dans un panier.**

ou

**La neige de février
Fuit comme dans un panier.**

**Neige de février
Vaut du fumier.**

ou

**Neige de février
Vaut demi-fumier.**

**Février qui donne neige
Bel été nous pleige.**

En vieux français, « pleiger » signifiait « promettre ».

**Février neigeux,
Été avantageux.**

**Février sans neige,
Saison d'été sèche.**

Pluie de février :

**Février remplit les fossés,
Mars les vide.**

ou

**Février doit remplir les fossés,
Et mars les quitte séchés.**

ou

**Février remplit les fossés,
C'est à mars de les assécher.**

**Si février laisse les fossés pleins,
Les greniers seront pleins.**

Si février est chargé d'eau,
Le temps n'en sera que plus beau.

Février laisse le fossé plein d'eau.

Pluie de février
Vaut jus de fumier.

ou

Eau de février
Vaut du fumier.

Pluie de février,
Emplit les greniers.

Si février n'a ni pluie ni giboulées,
Tous les mois de l'année seront ennuyés.

Soleil de février :

Soleil le dernier jour de février
Met des fleurs au pommier.

Froid de février :

Si février n'a pas de grands froids,
Le vent dominera tous les autres mois.

Février qui gèle et tonne
Annonce un bel automne.

Douceur de février :

Février trop doux,
Printemps en courroux.

Mieux vaut un renard au poulailler,
Qu'un homme en chemise en février.

Si février est chaud,
Croyez bien sans défaut
Que, par cette aventure,
Pâques aura sa froidure.

Tonnerre de février :

L'automne est bonne quand mars la sonne,
Elle est encore meilleure quand février l'entonne.

S'il tonne en février,
Belle récolte.

Tonnerre de février
Remplit ton cellier.

Quand il tonne en février,
Monte ton foudre au grenier.

ou

Quand il tonne en février,
Monte ta cave au grenier.

ou

Quand il tonne en février,
Il faut monter les tonneaux au grenier.

En février, s'il tonne,
Point de cidre en la tonne.

Tonnerre en février
Fait tenir toute l'huile en une cuillère.

Si nos anciens considéraient que le tonnerre était bon pour la vigne, ils considéraient qu'il était néfaste pour les oliviers.

Vent de février :

Février souffle
Et tue le merle sur son nid.

Si le temps ne vomit pas ses fièvres en février,
Le vent souffle toute l'année.

Si février n'a ses bourrasques,
Tous les mois feront des frasques.

Lune de février :

Pendant la lune de février,
Œuf infécond.

Femmes en février :

Le mois de février
Est le mois où les femmes parlent le moins.

Car ce mois est le plus court.

Février gelé, l'homme au lit,
La femme au foyer.

Plantes et cultures en février :

L'avoine de février emplit le grenier.

Au mois de février,
Chaque herbe fait son pied.

Fleur de février
Ne va pas au pommier.

Car il risquait encore de geler.

Jamais février n'a passé
Sans voir le groseillier feuillé.

ou

En février,
La feuille au groseillier.

ou

Il ne faut pas que février
Laisse sans feuille le groseillier.

Vigne et vin en février :

Vin soutiré en février
Est toujours bien clarifié.

Qui taille sa vigne en février
N'a besoin de corbeille ni de panier.

Amour en février :

Qui ne veut pas se tromper,
Doit se marier le 30 février.

Proverbe misogyne, puisque le 30 février n'existe pas ! Mais qui sait s'il n'a pas été inventé par une femme !

Qui veut se défaire de sa moitié,
La promène en février.

Sans commentaire !

Animaux en février :

À mi-février,
La merlette doit couver.

En février, civelles,
En mars, bonnes et belles,
En avril, fi d'elles.

Les civelles sont des alevins d'anguilles qui remontent les rivières. En Charente-Maritime, on les connaît sous le nom de pibales.

Si les mouches dansent en février,
Ménage ton foin dans ton grenier.

En février, signe de beau
Quand les pies bâtissent haut.

En construisant leurs nids au plus haut, les pies étaient assurées, au printemps et au début de l'été, d'avoir plus de fraîcheur qu'à proximité du sol.

Mieux vaut un loup dans son troupeau,
Qu'un mois de février beau.

En février, les agneaux
Naissent plus beaux.

Février trop beau,
C'est comme un loup dans un troupeau.

Le mois de février
Est bon agnelier.

C'est en février que commencent, dans certaines régions, à naître les agneaux.

Dictons généraux de février :

****

Mois de février,
Le plus petit et le plus diable.

Février, le plus court des mois,
Est, de tous, le pire à la fois.

ou

Février est de tous les mois,
Le plus court et le plus matois.

ou

Février est de tous les mois,
Le plus court et le plus courtois.

Février veut
Pain, vin, feu et viande salée.

ou

Février veut pain,
Viande, feu et vin.

Quand février commence en lion,
Il finit comme un mouton.

Si février ne févrière pas,
Tout mois de l'an, peu ou prou, le fera.

Quand février prend un jour,
Souvent de catastrophes il est lourd.

Mais cela n'arrivait que tous les quatre ans, lors des années bissextiles !

et les saints ????

À quel saint se vouer en février ?

****

1er février :

À la Saint-Ignace,
L'eau est de glace.

3 février :

À la Saint-Blaise,
L'hiver s'apaise.

Si le jour de la Saint-Blaise
est serein,
Bon temps pour le grain.

À la Saint-Blaise,
De la neige jusqu'à la queue
de l'âne.

Quand le jour de
Saint-Blaise est brumeux,
Il pleuvra dans un jour ou deux.

S'il ne pleut ni ne neige
à la Saint-Blaise,
En mars, le froid en prendra
à son aise.

Le Blaise en question est saint Blaise de Sébaste. Plus qu'un saint patron, Blaise, né en Arménie à la fin du IIIe siècle, faisait, pour nos ancêtres, partie des 14 saints intercesseurs, dont on priait non seulement la protection, mais également l'intervention. Très populaire, il était invoqué à la fois pour la guérison des maux de gorge et des voies digestives, mais également pour se protéger des cataclysmes et des invasions, ainsi que du feu. Les jeunes filles l'imploraient pour trouver le bon mari, leur père, pour protéger son bétail et avoir de bonnes récoltes. Le pouvoir que l'on prêtait à Blaise était si grand que de nombreuses corporations le choisirent comme saint patron : celles des bouviers, des cardeurs, des drapiers, des maçons, des tailleurs de pierre, des meuniers ou d'autres professions liées au vent, comme les sonneurs de cors. Maître des éléments, il protégeait les semailles de printemps. Les bergers, quant à eux, savaient qu'ils pouvaient compter sur lui pour protéger leur troupeau de l'attaque des loups !
À noter que le loup était encore (relativement) présent en France à l'aube du XXe siècle. Il y en avait encore plus de 1000 en 1890. Le dernier animal autochtone aurait été tué dans le Limousin en 1937.

4 février :

Le lendemain de Saint-Blaise,
Souvent l'hiver s'apaise,

Mais si vigueur il reprend,
Pour longtemps on s'en ressent.

La baratte est un appareil qui permet de transformer la crème de lait en beurre. Dans les fermes françaises du début du xxe siècle, on utilisait deux grands types de barattes. Le plus ancien, la baratte verticale à batte, était un récipient en hauteur fermé par un couvercle troué par lequel on agitait un bâton brasseur, la batte, qui agitait la crème. Plus moderne, plus facile à manipuler et moins fatigante à utiliser, la baratte dite « normande », était une sorte de tonneau tournant autour d'un axe horizontal. Le battoir à palettes qu'elle contenait était facilement actionné par une manivelle. La baratte de ma grand-mère Jeanne disposait d'un petit hublot de verre par lequel on voyait l'état d'avancement de la transformation de la crème en beurre. Une fois celui-ci obtenu, il restait, au fond de la baratte, un liquide au goût aigrelet, le babeurre ou lait battu, appelé « guinse » dans le Nord et « lait ribot » en Bretagne. J'adorais y tremper mes galettes de sarrasin ou tout simplement des pommes de terre cuites dans une cocotte.

5 février :

À la Sainte-Agathe,
Le temps se gâte.

Si pour la Sainte-Agathe il pleut,
Le maïs croît au mieux.

Si tu sèmes tes poireaux à la Sainte-Agathe,
Pour un brin, tu en auras quatre.

Si Sainte-Agathe emplit les rivières,
Lait coulera dans les chaumières.

Eau qui court à la Sainte-Agathe
Mettra du beurre dans la baratte.

6 février :

À la Sainte-Dorothée,
La plus forte neigée.

À la Saint-Gaston,
Surveille tes bourgeons.

8 février :

À la Sainte-Jacqueline,
Froid et bruine.

Il s'agit ici de saint Jean de Matha.

Été de la Saint-Jean,
Quelques jours cléments.

9 février :

Jour de Sainte-Apolline renfrogné,
C'est trois beaux mois d'été qu'elle nous a gardés.

À la Sainte-Apolline, présage certain,
L'hiver s'achemine ou touche à sa fin.

11 février :

Séverin et ses coquins,
Font tout geler sur le chemin.

Ce Séverin était, au VIe siècle, abbé de Saint-Maurice, dans le Valais suisse.

12 février :

Si le soleil luit pour Sainte-Eulalie,
Pommes et cidre à la folie.

Vers la Sainte-Eulalie,
Souvent le temps varie.

13 février :

De Sainte-Béatrice la nuée
Assure six semaines mouillées.

On appelait « nuée », un épais et grand nuage noir, annonciateur d'orages.

14 février :

À la Saint-Valentin,
Tous les vents sont marins.

À la Saint-Valentin,
L'hiver monte au sapin.

Contrairement à la fête des mères, des grands-mères et autres inventions commerciales, **la fête des amoureux, la Saint-Valentin, a toujours été célébrée dans les campagnes.**
Depuis le Moyen Âge, on appelait « Valentin », l'homme qu'une jeune fille choisissait, avec l'aval de ses parents, bien entendu, comme cavalier pour l'accompagner à la fête des Brandons qui avait lieu le premier dimanche de carême.
La veille, tractant une charrette, tous les célibataires du village étaient passés dans chaque ferme abritant une promise possible, afin de recueillir un petit fagot de bois, un brandon. Leur tournée terminée, ils en faisaient un tas auquel ils mettaient le feu, une fois l'angélus sonné. Les jeunes gens et jeunes filles qui parvenaient à sauter par-dessus le feu de joie sans roussir leurs vêtements avaient, paraît-il, de grandes chances de se marier dans l'année.
Le curé, ou le recteur, comme on disait en Bretagne, y allait de son sermon en assurant :
« Bon époux, le carême
Est le temps des sermons
De vos amours, l'emblème
C'est le feu des brandons. »

Cette fête ludique, qui rappelle les feux de la Saint-Jean du 24 juin, s'achevait par une manifestation autrement plus sérieuse... pour les parents. Les jeunes gens se devaient, en effet, de prendre dans le brasier un brandon incandescent et de le jeter dans le champ ou la vigne familiale. Ce feu protecteur devait rendre la terre plus féconde et la vigne plus vigoureuse.

À la Saint-Valentin,
La roue gèle avant le moulin.

15 février :

À la Saint-Claude, regarde ton seau,
Tu ne le verras pas plus haut.

Il s'agit de saint Claude La Colombière.

16 février :

S'il neige à la Saint-Onésime,
La récolte est à l'abîme.

La neige brûlait les jeunes pousses.

17 février :

Taillis pluvieux à la Saint-Sylvain
Fait tout l'an incertain.

18 février :

À la Sainte-Bernadette,
Souvent le soleil est en fête.

À partir de la Saint-Siméon,
Tu peux semer tes melons.

21 février :

Il est trop tard à la Saint-Pépin,
Pour planter les arbres à pépins.

À la Saint-Pierre-Damien,
L'hiver reprend ou s'éteint.

22 février :

Neige à la Sainte-Isabelle,
Rend fleur belle.

Le temps qu'il fait à la Sainte-Isabelle
Dure jusqu'aux Rameaux.

23 février :

À la Saint-Florent
L'hiver s'en va ou reprend.

24 février :

Si Saint-Mathias trouve la glace, il la casse ;
S'il n'en trouve pas, il faut qu'il en fasse.

27 février :

Gelée de Sainte-Honorine
Rend toute la vallée chagrine.

28 février :

Beau ciel à la Saint-Romain,
Il y aura denrée et bon vin.

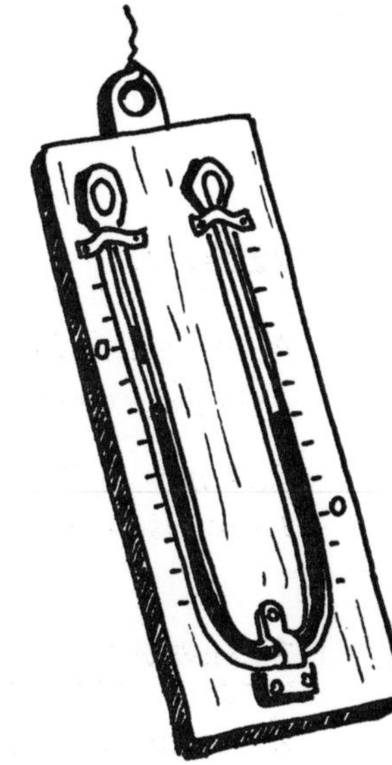

Météoscope du mois de février

****

On oublie souvent le temps qu'il faisait, à la même époque, les années précédentes. Pour y remédier, notez ci-dessous, au jour le jour, le temps (température, pluie, soleil, orages, etc.) qu'il a fait durant ce mois. Non seulement vous aurez un repère pour les prochaines années, mais vous pourrez juger de la justesse ou de la véracité de certains dictons.

Année : 20..

1 :..

2 :..

3 :..

4 :..

5 :..

6 :..

7 :..

8 :..

9 :..

Année : 20..

1 :..

2 :..

3 :..

4 :..

5 :..

6 :..

7 :..

8 :..

9 :..

Année : 20..

10 : ....

11 : ....

12 : ....

13 : ....

14 : ....

15 : ....

16 : ....

17 : ....

18 : ....

19 : ....

20 : ....

21 : ....

Année : 20..

10 : ....

11 : ....

12 : ....

13 : ....

14 : ....

15 : ....

16 : ....

17 : ....

18 : ....

19 : ....

20 : ....

21 : ....

Année : 20..

22 : ....

23 : ....

24 : ....

25 : ....

26 : ....

27 : ....

28 : ....

29 : ....

Année : 20..

22 : ....

23 : ....

24 : ....

25 : ....

26 : ....

27 : ....

28 : ....

29 : ....

Remarques générales : ....

....

....

....

....

....

....

....

Mois de mars

Baptisé « germinal » dans le calendrier républicain, le mois de mars était très important pour les paysans. Du temps qu'il faisait, alors que les graines germaient, dépendaient les récoltes à venir. C'était aussi l'époque où le vigneron devait tailler sa vigne : Taille tôt, taille tard, mais taille en mars *disait d'ailleurs le dicton. Les dictons de ce mois tenaient donc compte des travaux que l'on devait effectuer à cette époque charnière entre l'hiver et le printemps.*

Voici ce qui était d'ailleurs prévu par tous les almanachs :

Agriculture : Achever labours et semailles de printemps. Semer sur les céréales d'hiver les graines de luzerne, et de trèfle. Herser ou rouler les blés. Répandre en couverture les engrais azotés à action immédiate sur les céréales. Semer pommes de terre, betteraves et maïs. Continuer les irrigations, faire les dernières applications d'engrais. Commencer les semis dans les prairies nouvelles. Continuer la mise en incubation des œufs.

Viticulture : Terminer la taille. Commencer le greffage en place. Faire les plantations nouvelles. Continuer les labours de déchaussage, l'échaudage contre les insectes et le badigeonnage contre l'anthracnose.

Arboriculture et horticulture : Semer oignons, poireaux, betteraves, épinards, radis, persil, salsifis, carottes, pois et pommes de terre. Planter choux, fraisiers, ail et griffes d'asperges. À la fin du mois, commencer la mise en place des tomates et aubergines. Faire le traitement contre la cloque et le coryneum des arbres à noyaux. Faire la taille sur fleurs de pêchers, abricotiers et cerisiers.

Apiculture : Visiter les ruches, nettoyer les plateaux, voir si la nourriture est suffisante. À partir de cette époque, la consommation est aussi forte en un mois que pendant tout l'hiver.

Bétail : Augmenter les rations. Terminer l'engraissement des bœufs, moutons, veaux. Sevrer les agneaux et les porcelets.

dictons

Sécheresse de mars :

Mars sec et chaud
Remplit caves et tonneaux.

Mars sec,
Mai mouillé.

Si mars est poussiéreux,
Le bouvier est heureux.

ou

Quand le mois de mars est poussiéreux,
Le bouvier devient orgueilleux.

Poussière de mars,
Poussière d'or.

Pluie de mars :

Pluie de mars
Ne vaut pas pisse de renard.

Car il ne s'agit que de giboulées.

Pluie de mars grandit l'herbette,
Et souvent annonce disette.

Mars pluvieux,
An disetteux.

Pluie de mars
N'engraisse ni oie ni jars.

Quand mars bien mouillé sera,
Beaucoup de fruit cueilleras.

Quand mars bien mouillé sera,
Bien du lin il te donnera.

Quand mars mouillé sera,
Bien du vin tu récolteras.

Quand en mars il pleut dru,
Et que tout le monde crie
« Tout est perdu ! »,
Il n'a pas encore assez plu.

Quand en mars il pleut,
Sois heureux tant que tu peux.

Neige de mars :

À mars poudreux,
Avril pluvieux.

Neige de mars
Brûle le bourgeon.

Ce proverbe parle de lui-même.

Soleil de mars :

Le soleil de mars
Marque le visage pour sept ans.

On continue à prétendre que le soleil de printemps est le plus dangereux pour la peau.

Froid de mars :

Autant de gelées en mars,
Autant de rosées en avril.

Gelée de mars, tonnerre en avril.

Tonnerre de mars :

L'automne est bonne,
Quand mars la sonne.

Quand en mars il tonne,
L'année sera bonne.

Quand en mars il tonne,
L'amande sera bonne.

Quand en mars il tonne,
Bacchus remplit la tonne.

Brouillard de mars :

Autant de brouillard en mars,
Autant d'orages en été.

Brouillard en mars,
Gelée en mai.

Vent de mars :

Mars venteux et avril pluvieux
Font le mai gai et gracieux.

Mars venteux,
Vergers pommeux.

ou

Mars venteux,
Pommiers plantureux.

Lune de mars :

La lune de mars est mauvaise
Pour les vieillards et les vieux chevaux.

Plantes et cultures en mars :

Des fleurs qui s'ouvrent en mars,
On n'en a que le regard.

Fleur marsière
Ne tient guère.

Des fleurs de mars ne tiens pas compte,
Non plus que des filles sans honte.

Le bourgeon de mars
Remplit les chars,
Celui d'avril, le baril,
Celui de mai, le chai.

Si le seigle est sans épis,
Au mois de mars, c'est tant pis.

De mars la verdure,
Mauvaise augure.

Vigne et vin en mars :

Taille tôt, taille tard,
Mais taille en mars.

Nombreux sont les vignerons qui appliquent encore ce proverbe à la lettre.

La vigne dit :

« En mars me lie,
En mars me taille,

En mars, il faut qu'on me travaille. »

Animaux en mars :

À la mi-mars,
Le coucou est dans l'épinard.

Épinard : nom que l'on donnait à la pariétaire, une plante herbacée sauvage.

En mars, les vaches au pré ;
Si ce n'est pour manger,
C'est pour s'y gratter.

Entre mars et avril,
On sait si le coucou est mort ou en vie.

Mars marseau,
Chaque brebis avec son agneau.

Mars
Pèle les brebis.

Dans certaines régions, on commençait la tonte des moutons.

Mars avec ses marteaux,
Dans leur mère tue leurs veaux.

Mars est capable
De tuer les bêtes à l'étable.

Mars bon ou méchant,
Ton bœuf à l'herbe et ton chien dedans.

Santé en mars :

En mars, vent ou pluie,
Que chacun veille sur lui.

C'est en mars que le printemps chante,
Et que les rhumatismes augmentent.

En mars, quand il fait beau,
Prends ton manteau.

Pâques en mars, cimetière frais.

La mortalité était importante en mars. La terre des tombes était donc fraîchement retournée.

Le soleil de mars
Donne des rhumes tenaces.

Le soleil de mars
Met les enfants au tombeau.

Mars remue
Les humeurs du corps.

Amour en mars :

Si février a de jolies filles,
Mars les lui pille.

Dans les campagnes, on se mariait souvent en mars.

Mars et avril,
Temps de dragées de mariage.

Mars hâleux
Marie la fille du laboureux.

Dictons généraux de mars :

****

Pâques en mars,
Guerre, famine et tombes fraîches.

Mars martèle,
Avril coutelle.

Soit au début, soit à la fin,
Mars nous montre son venin.

Quand mars se déguise en été,
Avril prend ses habits fourrés.

Quand mars fait avril,
Avril fait mars.

Mars, petit mars,
Tue l'agneau, le bébé et la vieille au coin du feu.

Si mars commence en courroux,
Il finira tout doux, tout doux.

ou, au contraire,

Mars est comme la romance,
Il finit comme il commence.

et les saints ???

À quel saint se vouer en mars ?

****

1er mars :

Pluie à la Saint-Aubin
Fait l'eau plus chère que le vin.

La pluie début mars était favorable à la pousse de la vigne.

S'il pleut à la Saint-Aubin,
Il n'y aura ni foin ni lin.

Quand il pleut à la Saint-Aubin,
N'as ni paille, ni foin, ni grain.

Toujours Saint-Aubin
Garde quelque chose en son pépin.

Il s'agit de saint Aubin d'Angers.

2 mars :

À la Saint-Jacob, dans nos pays,
Les pies commencent leurs nids.

3 mars :

À Sainte-Cunégonde, le tonnerre
Annonce un deuxième hiver.

Lorsqu'il tonne à Sainte-Cunégonde,
Il faut encore porter des gants.

À la Sainte-Cunégonde,
La terre redevient féconde.

S'il gèle à la Saint-Guénolé,
Au taureau ferme le pré.

4 mars :

De Casimir la douceur
Fait peur aux jardiniers et aux laboureurs.

5 mars :

Souvent, à la Saint-Adrien,
Gelée ne gèle que les mains.

6 mars :

Au jour de Sainte-Colette
Commence à chanter l'alouette.

La Colette de ce dicton est sainte Colette de Corbie.

8 mars :

Quand vient Sainte-Véronique,
Le soleil nous fait la nique.

De Saint-Jean-de-Dieu à Saint-Grégoire,
Vents et giboulées font notre désespoir.

Saint Grégoire est fêté le 12 mars.

9 mars :

Semé à la Sainte-Françoise,
Ton grain aura du poids.

Il s'agit de sainte Françoise Romaine.

10 mars :

S'il gèle aux Quarante-Martyrs,
Il gèlera encore quarante nuits.

Les quarante martyrs de Sébaste étaient des légionnaires romains qui refusèrent d'abjurer leur foi.

« Rédeux » est le nom que l'on donnait aux éleveurs de lapins.

11 mars :

Bon rédeux à Saint-Euloge,
Voit les jeunes à l'auge.

12 mars :

À la Saint-Grégoire,
Tonds le mouton.

Si tu veux m'en croire,
À la Saint-Grégoire, taille la vigne pour boire.

Le jour de Saint-Pol,
L'hiver se rompt le col.

17 mars :

Quand il fait doux à la Saint-Patrice,
De leurs trous sortent les écrevisses.

Sème des pois à la Saint-Patrice,
Tu en auras à ton caprice.

19 mars :

Pour la Saint-Joseph, beau temps,
Promesse de bon an.

La melonnière était la partie du potager la plus abritée, où l'on cultivait les melons.

Qui veut bonne melonnière,
À la Saint-Joseph doit la faire.

Le chaud à la Saint-Joseph,
L'été sera bref.

Pour la Saint-Joseph, mon cousin,
Taille les arbres du jardin.

Pour la Saint-Joseph, chaque oiseau
Bâtit son château.

À la Saint-Joseph
Revient l'aronde.

Les paysans d'antan appelaient ainsi l'hirondelle.

21 mars :

Si tu veux oignons, seigle, petits pois,
Sème-les vers la Saint-Benoît.

23 mars :

S'il pleut le jour de Saint-Victorien,
On peut compter sur bien du foin.

S'il pleut à la Saint-Victorien,
On ne ramassera que du foin.

Quand à glace il gèle à la Saint-Victorien,
En pêches, en abricots, il n'y a rien.

Plus qu'un dicton, c'est une constatation, en témoigne la mauvaise récolte des fruits du Roussillon en 2008 !

26 mars :

Saint-Gabriel
Apporte bonnes nouvelles.

28 mars :

Il s'agit de saint Gontran, roi de Bourgogne.

Le temps de Saint-Gontran
Voit l'hirondelle arrivant.

S'il gèle à la Saint-Gontran,
Le blé ne deviendra pas grand.

30 mars :

Souvent la Saint-Amédée
Est de mars la plus belle journée.

31 mars :

À la Saint-Benjamin,
Le mauvais temps prend fin.

Météoscope du mois de mars

****

On oublie souvent le temps qu'il faisait, à la même époque, les années précédentes. Pour y remédier, notez ci-dessous, au jour le jour, le temps (température, pluie, soleil, orages, etc.) qu'il a fait durant ce mois. Non seulement vous aurez un repère pour les prochaines années, mais vous pourrez juger de la justesse ou de la véracité de certains dictons.

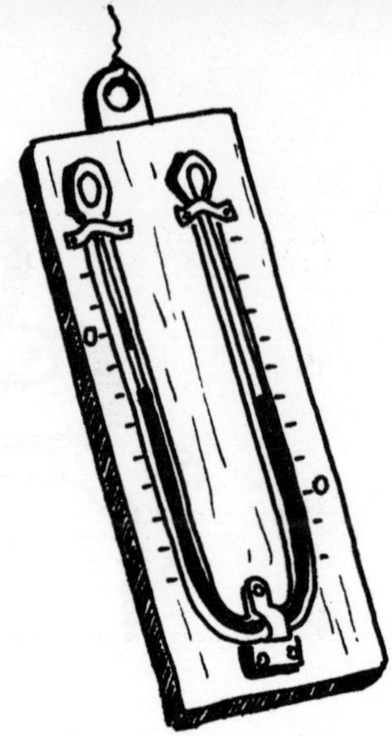

Année : 20..

1 :...

2 :...

3 :...

4 :...

5 :...

6 :...

7 :...

8 :...

9 :...

Année : 20..

1 :...

2 :...

3 :...

4 :...

5 :...

6 :...

7 :...

8 :...

9 :...

Année : 20..

10 : ....

11 : ....

12 : ....

13 : ....

14 : ....

15 : ....

16 : ....

17 : ....

18 : ....

19 : ....

20 : ....

21 : ....

Année : 20..

10 : ....

11 : ....

12 : ....

13 : ....

14 : ....

15 : ....

16 : ....

17 : ....

18 : ....

19 : ....

20 : ....

21 : ....

Année : 20..	Année : 20..
22 :	22 : ....
23 :	23 : ....
24 :	24 : ....
25 :	25 : ....
26 :	26 : ....
27 :	27 : ....
28 :	28 : ....
29 :	29 : ....
30 :	30 : ....
31 :	31 : ....

Remarques générales : ....
....
....
....

Mois d'avril **

En avril, ou « floréal », la campagne sortait de sa léthargie hivernale, car la nature revivait. On craignait cependant le gel qui aurait brûlé les jeunes bourgeons. Le laboureur et le vigneron espéraient la pluie et le soleil. Mais, dans les champs ou dans les vignes, on ne se découvrait pas d'un fil. *Dans les régions tempérées, l'herbe qui avait commencé à pousser en mars était, la plupart du temps, devenue drue. Cela permettait à la fermière de sortir, pour la journée, vaches et cochons. Les jours s'étaient allongés, mais ils n'étaient pas encore assez longs pour faire tout ce qu'on avait à faire ce mois-là, bien que ce fut conseillé par les almanachs.*

Agriculture : Achever les semailles d'avoine, d'orge, de luzerne, de sainfoin, et de trèfle. Terminer également la plantation des pommes de terre et topinambours. Semer le maïs, le millet, le sorgho. Échardonner les céréales d'hiver. Dans certains sols, herser les jeunes avoines. Débarrasser les prés des feuilles, branches et plantes nuisibles. Augmenter l'abondance des irrigations.

Viticulture : Continuer les labours et le greffage en place. Faire ses provisions de soufre, sulfate de cuivre et chaux. Commencer la destruction des altises et des vers gris.

Arboriculture et horticulture : Continuer et terminer la mise en place des tomates, des aubergines et des asperges. Semer salsifis, pois, fèves, laitues, courges, citrouilles, potirons et haricots. Éclaircir et renouveler les semis, sarcler, biner et arroser. Greffer cerisiers, pommiers et poiriers. Ébourgeonner les pêchers, écheniller et détruire les insectes.

Apiculture : Commencer le nourrissage stimulant avec un sirop de la densité de 1 290 g le litre, obtenu de la façon suivante : on fait bouillir 1 kg de sucre cristallisé et 6 dl d'eau, on écume jusqu'au clair et on ajoute un verre d'eau, un peu de vin et une cuillère à café de crème de tartre. En donner 200 à 300 g tous les trois ou quatre jours. Visiter et égaliser les colonies. Ajouter des rayons.

Bétail : Monte des juments. Saillie des porcs. Mettre au vert les animaux à engraisser, alterner la nourriture en sec et en vert. Faire sortir porcs et moutons. Aérer et nettoyer les étables. Mettre graduellement les vaches laitières au vert.

dictons

Neige d'avril :

Neige d'avril peut dévorer le blé,
Comme le bœuf le ferait.

Il n'est si gentil mois d'avril
Qui n'ait son manteau de grésil.

Il n'est d'avril si beau
Qui n'ait de neige à son chapeau.

Sécheresse d'avril :

Avril et mai secs,
Année maigre.

Pluie d'avril :

D'avril, les ondées
Font les fleurs de mai.

Avril pluvieux mais soleilleux
Rend le paysan orgueilleux
Et l'usurier soucieux.

Mars gris, avril pluvieux,
Font l'an fertile et plantureux.

Avril pluvieux et mai venteux
Ne rendent pas le paysan disetteux.

En avril, bruine obscure
Trois jours dure.

Quand avril tombe l'eau,
Vigneron, répare le fond de ton tonneau.

Si la pluie d'avril vaut son pesant d'or,
Quand le tonnerre va, c'est un trésor.

Ce dicton signifie qu'à la pluie s'ajoute la chaleur – il ne tonne pas quand la température est basse –, situation idéale pour toutes les cultures.

Froid d'avril :

Avril froid, pain et vin donne,
Mai froid les moissonne.

Gelée d'avril ou de mai,
Misère nous prédit au vrai.

Quand avril est froid et pluvieux,
Les moissons n'en vont que mieux.

En avril, si gelée vient,
Elle apporte pain et vin.

Avril frais et mai chaud
Remplissent les granges jusqu'en haut.

Tonnerre d'avril :

S'il tonne en avril,
Prépare ton baril.

Car les pluies d'orage, relativement chaudes, auront une influence bénéfique sur la vigne.

Vent d'avril :

Si les quatre premiers jours d'avril sont venteux,
Il y en aura pour quarante jours.

Le vent d'avril
N'a pas d'abri.

Lune d'avril :

Lune d'avril nouvelle
Ne passe pas sans gel.

Plantes et cultures en avril :

Mousseron d'avril,
Mousseron gentil.

Mousseron de mai,
Mousseron mauvais.

Nul avril sans épis.

Avril fait la fleur,
Mai en a l'honneur.

Fleur d'avril
Ne tient qu'à un fil.

En avril, le sureau doit fleurir,
Sinon le paysan va souffrir.

Quand en avril la feuille est au châtaignier,
Bien vite ton séchoir dois cheviller.

Caprice d'avril fait tomber les fleurs
Et trembler le laboureur.

Vigne et vin en avril :

Bourgeon qui pousse en avril
Met peu de vin au baril.

Le vin d'avril est un vin de Dieu,
Le vin de mai est un vin de laquais.

Pluie d'avril,
Apprête les barils.

Animaux en avril :

Rude avril,
Cochon mort.

Avril, quelques nids,
Mai, ils sont tous faits,
Juin, ils sont bien communs,
Juillet, ils sont tous cueillis.

Au mois d'avril,
Tout oiseau fait son nid,
Hormis la caille et la perdrix,
Et le rossignol joli.

Les poussins du mois d'avril
Sont toujours rabougris.

Les poussins du mois d'avril
Sur la gerbe font leur nid.

Jamais femme d'esprit
N'a tondu ses brebis en avril.

Au mois d'avril,
La chèvre rit.

Parce que les buissons bourgeonnent et que les chèvres en sont friandes.

L'avoine d'avril,
C'est pour les brebis.

Au mois d'avril,
Toute bête change de poil.

Le trois avril,
Le coucou chante, mort ou vif.

Ce n'est jamais avril,
Si le coucou ne l'a dit.

Santé en avril :

En avril,
N'enlève pas un fil,
En mai, fais ce qu'il te plaît,
Et encore, je ne sais.

Version originale du célèbre dicton : *En avril, ne te découvre pas d'un fil ; en mai, fais ce qu'il te plaît.*

Dictons généraux d'avril :

****

Avril et mai
Sont la clé de l'année.

Au moment où commence avril,
L'esprit doit se montrer tranquille (ou subtil).

Avril le doux,
Quand il se fâche, le pire de tous.

Avril a trente jours,
S'il en avait trente et un,
Il n'y aurait mal pour aucun.

Avril entrant comme un agneau
S'en va comme un taureau.

Avril,
Un de bon sur mil.

et les saints ???

À quel saint se vouer en avril ?

****

1er avril :

Pluie de Saint-Hughes
Remplit granges et fournils.

4 avril :

À la Saint-Isidore,
Si le soleil dore,
Le blé sera haut et chenu,
Mais le pommier sera nu.

Il s'agit de saint Isidore de Séville.

5 avril :

À la Sainte-Irène, s'il fait beau,
Il y aura moins de vin que d'eau.

6 avril :

Au jour de Saint-Prudence, s'il pleut, s'il vente,
Peu après, le mouton danse.

9 avril :

À Sainte-Waudru et Saint-Macaire,
On revoit les giboulées d'hiver.

Saint Macaire était fêté le lendemain.

10 avril :

Quand arrive la Saint-Fulbert,
Dans la campagne, tout est vert.

11 avril :

S'il gèle à la Saint-Stanislas,
On aura deux jours de glace.

12 avril :

À la Saint-Jules, mauvais temps
N'est pas installé pour longtemps.

À Saint-Jules, les sansonnets
Tiennent ménage dans les clochers.

14 avril :

Pour Saint-Valérien, tout arbre bourgeonne,
Le fruit n'est pas loin.

Si Saint-Lambert est pluvieux,
Suivent neuf jours dangereux.

15 avril :

Quand de Saint-Paterne vient la saison,
La chaleur vient pour de bon.

16 avril :

Saint-Druon pluvieux,
An fromenteux.

17 avril :

Beau temps à la Saint-Anicet
Est l'annonce d'un bel été.

20 avril :

À Saint-Théodore
Fleurit chaque bouton d'or.

21 avril :

À Saint-Anselme,
Dernières fleurs sème.

Tel temps à la Saint-Anselme,
Tel temps pendant une semaine.

22 avril :

Pluie le jour de Sainte-Opportune,
Ni cerises ni prunes.

À la Saint-Léonide,
Le blé pousse rapide.

23 avril :

Quand il pleut le jour de Saint-Georges,
Sur cent cerises, on a quatorze.

Si mouillée est la Saint-Georges,
Les cerises lui restent dans la gueule.

À la Saint-Georges,
Sème ton orge.

À la Saint-Marc,
Il est trop tard.

Saint Georges et saint Marc
Sont réputés saints grêleurs.

Il s'agit, ici, de saint Georges de Lydda. Saint Marc, apôtre, était, lui, fêté le 25 avril.

Georget, Marquet, Vitalet et Croiset,
S'ils sont beaux, font du vin parfait.

Entre Georget et Marquet,
Un jour de l'hiver se met.

Entendez par là la Saint-Georges le 23 avril, la Saint-Marc le 25 avril, la Saint-Vital le 28 avril, et la Sainte-Croix fêtée le 3 mai.

25 avril :

À la Saint-Marc, s'il tombe de l'eau,
Il n'y aura pas de fruits à couteau.

ou

À la Saint-Marc, s'il tombe de l'eau,
Il n'y aura pas de fruits à noyaux.

Zita était une servante modèle de Lucques (Lucca), en Toscane, où ce prénom est commun. Elle y mourut en 1278. C'est la sainte patronne des employées de maison.

27 avril :

À la Sainte-Zita,
Le froid ne dure pas.

28 avril :

À Saint-Aimé,
Point de moutons affamés.

Car tous les prés sont verts.

À la Sainte-Valérie,
Souvent le soleil luit.

30 avril :

À la Saint-Robert,
Tout arbre est vert.

La pluie le jour de Saint-Robert
De bon vin remplira ton verre.

Météoscope du mois d'avril

****

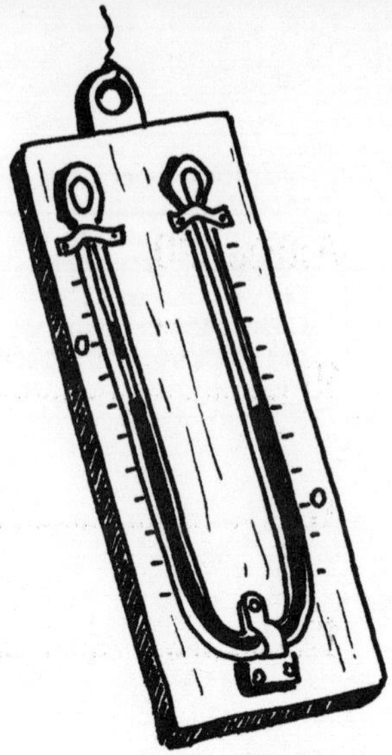

On oublie souvent le temps qu'il faisait, à la même époque, les années précédentes. Pour y remédier, notez ci-dessous, au jour le jour, le temps (température, pluie, soleil, orages, etc.) qu'il a fait durant ce mois. Non seulement vous aurez un repère pour les prochaines années, mais vous pourrez juger de la justesse ou de la véracité de certains dictons.

Année : 20..

1 :...

2 :...

3 :...

4 :...

5 :...

6 :...

7 :...

8 :...

9 :...

Année : 20..

1 :...

2 :...

3 :...

4 :...

5 :...

6 :...

7 :...

8 :...

9 :...

Année : 20..

10 :..

11 :..

12 :..

13 :..

14 :..

15 :..

16 :..

17 :..

18 :..

19 :..

20 :..

21 :..

Année : 20..

10 :..

11 :..

12 :..

13 :..

14 :..

15 :..

16 :..

17 :..

18 :..

19 :..

20 :..

21 :..

Année : 20..

22 : ....

23 : ....

24 : ....

25 : ....

26 : ....

27 : ....

28 : ....

29 : ....

30 : ....

31 : ....

Année : 20..

22 : ....

23 : ....

24 : ....

25 : ....

26 : ....

27 : ....

28 : ....

29 : ....

30 : ....

31 : ....

Remarques générales : ....
....
....
....

Mois de mai**

En mai, le joli mois de mai, tous les animaux étaient dans les prairies, comme l'évoque le terme « prairial », son nom dans le calendrier républicain. En montagne commençaient les transhumances. Les vaches laitières donnaient plus de lait et les poussins gambadaient. Comme son époux, la fermière ne manquait pas de travail, d'autant que, en plus des animaux, elle s'occupait du potager qui nourrissait la maisonnée. À ce niveau, elle n'était vraiment tranquille qu'à partir du 15 mai, une fois les saints de glace passés.

En mai, tout un chacun pouvait faire ce qu'il lui plaît, *sauf se marier car c'était le mois de la Vierge Marie. Cela portait soi-disant malheur.*

Le paysan, cependant, se devait de respecter le calendrier de ses travaux agricoles, calendrier que son fidèle almanach ne manquait pas de lui rappeler.

Agriculture : Binage et buttage des pommes de terre et des autres plantes sarclées. Modérer les irrigations des prairies. Réaliser la première coupe de luzerne, sainfoin, trèfle et prairies irriguées. Échardonner et sarcler les céréales. Rouler les céréales par temps sec. Commencer les pacages (c'est-à-dire faire paître le bétail).

Viticulture : Donner le second labour et le premier soufrage. À la fin du mois, exécuter les premiers traitements contre le mildiou, le black-rot et le rot blanc. Traiter avec les insecticides contre la cochylis. Détruire les chenilles des noctuelles.

Au cellier : Ouiller les fûts (les remplir si le niveau de vin a baissé). Veiller à la bonne conservation des futailles vides. Aérer la cave la nuit et la fermer le jour. Surveiller la tenue des vins.

Arboriculture et horticulture : Butter les pommes de terre ; semer choux de diverses variétés, persil, cerfeuil, haricots, radis, cardons, cornichons, céleri, salsifis, laitues et épinards. Transplanter choux, laitues, chicorées et poireaux. Pincer les tomates, mettre en place les melons. Planter les coulants de fraisiers. Ébourgeonner les arbres fruitiers. Palisser et pincer. Greffer par approche et par écusson. Défendre les pousses contre les chenilles et insectes. Veiller aux maladies cryptogamiques.

Apiculture : Mettre les hausses en place pour éviter l'essaimage. Élever les reines.

Bétail : Faire transhumer les troupeaux. Mettre progressivement le bétail au régime du vert. Veiller à la météorisation[7]. Donner des soins attentifs aux jeunes poussins.

---

7. Météorisation : Accumulation de gaz dans les intestins des bovins, due à l'absorption d'une trop grande quantité de luzerne fraîche.

dictons

Sécheresse de mai :

Dieu nous garde de la fange d'août,
Et de la poussière de mai.

Il valait mieux avoir un mai pluvieux et un août sec que le contraire.

Pluie de mai :

Quand le premier mai la pluie oint,
Il n'y aura pas le moindre coing.

De la pluie le premier jour de mai,
Ôte aux fourrages de la qualité.

Quand il pleut le premier jour de mai,
Les vaches perdent la moitié de leur lait.

Quand il pleut le premier jour de mai,
Les fourrages rendent amer le lait.

Pluie de mai,
Vache à lait.

ou

Pluie de mai
Vaut vache à lait.

Petite pluie de mai,
Tout le monde est gai.

Lorsqu'il pleut le 3 mai,
Point de noix au noyer.

Au mois de mai,
Il faudrait qu'il ne plût jamais.

Mai pluvieux
Marie la fille du laboureux.

Un mai pluvieux laissait espérer une bonne récolte au paysan, qui pouvait ainsi marier sa fille… plus tard. On ne se mariait pas le mois de Marie, cela portait malheur.

Pluie en mai
Tue la vermine chez les veaux.

Rosée de mai :

La rosée du mois de mai
Rend le laboureur gai.

Rosée de mai
Fait tout beau ou tout laid.

Froid de mai :

**Frais mai, épaisse tourte,
Mais peu de vin dans la coupe.**

**Frais mai et chaud juin
Amènent pain et vin.**

**Froid mai et chaud juin
Emplissent la grange jusqu'aux coins.**

**Mai frileux, an langoureux,
Mai fleuri, an réjoui,
Mai venteux, an douteux.**

Chaleur de mai :

**Du mois de mai la chaleur
De tout l'an fait la valeur.**

**Plus mai est chaud,
Plus l'an vaut.**

Brouillard de mai :

**Brouillard de mai, chaleur de juin,
Amènent la moisson à point.**

Tonnerre de mai :

**Mai froid n'enrichit personne,
Mais il est excellent quand il tonne.**

**Quand il tonne en mai,
Les vaches ont du lait.**

ou

**Quand il tonne le premier jour de mai,
Les vaches auront du lait.**

Vent de mai :

**Mai frais et venteux
Fait l'an plantureux.**

Plantes et cultures en mai :

**En mai, de la boue,
Des épis en août.**

**Mois de mai, mois de fleurs,
Mois de pleurs.**

**Chaleur de mai
Verdit la haie.**

**Au mois de mai,
Le seigle déborde la haie.**

**De belle femme et de fleur de mai,
En un jour, s'en va la beauté.**

**Mai, mois fleuri, mois béni,
Mai, mois de fleurs, mois de pleurs.**

**En mai
Fleurit le hêtre et chante le geai.**

Mai jardinier
Ne comble pas le grenier.

Ce n'est pas parce que l'on s'occupe de ses légumes en mai que l'on aura du blé dans le grenier en août.

Le froment sera mal nourri,
Si mai ne voit sa fleur et son épi.

Vigne et vin en mai :

Bourgeon de vigne en mai
Remplit le chai.

Quand le raisin naît en mai,
Faut s'attendre à du mauvais.

Santé en mai :

Pendant le joli mois de mai,
Couvre-toi plus que jamais.

Au mois de mai,
Le médecin est gai.

Celui qui a la fièvre en mai
Toute l'année demeure frais et gai.

Celui qui prend un bain le premier mai
N'est pas malade de tout l'an.

En mai, fais ce qu'il te plaît,
Et encore, je ne sais.

Celui qui s'allège avant le mois de mai,
Certainement ne sait pas ce qu'il fait.

Au mois d'avril, garde tes vêtements,
Au mois de mai, quitte-les.

Au mois de mai,
Arrache pelisse, chapeau et manteau.

Si vous voulez raccourcir la vie de votre mari,
Faites-lui manger des choux en mai et juin.

Amour en mai :

Mariage du mois de mai
Fleurit tard ou jamais.

Se marier le mois de Marie, c'était s'exposer à des difficultés pour avoir des enfants.

D'un mariage en mai
Ne naissent que des filles.

Pour un paysan, n'avoir que des filles était une calamité, car, sans héritier mâle, il faudrait céder l'exploitation à un gendre.

Noces de mai,
Noces mortelles.

En mai,
Ni femmes, ni choux.

On ne prenait pas femme le mois de Marie, et, quant aux choux, il fallait, si l'on en croit le dicton, attendre la Saint-Gall, fêtée le 16 octobre, pour les récolter.

Au mois de mai
Ne se marient que les ânes.

Si le dicton dit vrai,
Méchante femme s'épouse en mai.

En mai, si tu te maries,
Par le soleil ou par la pluie,
Ami, crois-moi si tu veux,
Tu n'auras que des enfants morveux.

Noces de mai
Ne vont jamais.

Animaux en mai :

Le mois de mai
Est le mois des chats.

Essaim de mai
Vaut vache à lait.

Poulet qui naît au mois de mai,
Il faut le prendre par une patte et le jet.

C'est-à-dire le jeter, car il est né trop tard pour se développer.

Au mois de mai, les essaims
Font les charrettes de foin.

Dictons généraux de mai :

****

Mars aride,
Avril humide,
Mai tenant de tous les deux,
Présagent l'an plantureux.

Au mois de mai,
Voleurs sont nés.

Mai, juin, juillet,
Bouche fraîche, le reste net.

Achetez du beurre en mai,
Il est tout parfumé.

Grâce aux fleurs, comme le bouton d'or, que les vaches broutaient.

Mai, Fait ou défait.

Le mois de mai de l'année,
Décide la destinée.

Mi-mai,
Queue d'hiver.

et les saints ?????

À quel saint se vouer en mai ?

****

1er mai :

S'il pleut le premier mai, peu de coings,
S'il pleut le deux, ils sont véreux,
S'il pleut le trois, il n'y en a pas.

2 mai :

Au jour de la Saint-Boris, par malheur,
C'est un mauvais vendangeur.

Le malheur en question était la grêle.

3 mai :

Si Saint-Jacques l'apôtre pleure,
Bien peu de glands il demeure.

Ce n'était pas une bonne nouvelle pour les paysans éleveurs de porcs, qui, chacun sait, sont friands de glands.

5 mai :

Sainte-Judith
Voit pinson au nid.

Le temps de la Sainte-Judith
Va durer jusqu'au dix.

6 mai :

S'il pleut à la petite Saint-Jean,
Toute l'année s'en ressent,
Jusqu'à la grande Saint-Jean.

La petite Saint-Jean fêtait saint Jean-porte-latine, et la grande, saint Jean-le-Baptiste le 24 juin.

7 mai :

À Sainte-Gisèle,
Prends garde s'il gèle.

8 mai :

À Sainte-Félicie,
Tous les lilas sont fleuris.
Aussi !

10 mai :

C'est à la Saint-Antonin
Que vend son vin le malin.

11 mai :

Gare s'il gèle,
À la Sainte-Estelle.

Si Mamert, 11 mai, Pancrace, 12 mai, et Servais, 13 mai, ne sont plus à la mode, ces trois saints, dits « de glace », font toujours craindre des gelées tardives, dommageables pour les futures récoltes.

Les saints de glace,
Les trois saints au sang de navet,
Pancrace, Mamert et Servais.

Sont bien nommés les saints de glace,
Mamert, Servais et Pancrace.

13 mai :

Avant Saint-Servais,
Point d'été,
Après Saint-Servais,
Plus de gelée.

14 mai :

Saint-Boniface
Brise la glace.

Au jour de Saint-Boniface,
Toute boue s'efface.

Saint Matthias casse la glace,
Mais, s'il n'en trouve pas, il faut bien qu'il en fasse.

15 mai :

À la Sainte-Denise,
Le froid n'en fait plus à sa guise.

À la Sainte-Denise
S'arrête la bise.

16 mai :

À la Saint-Honoré,
S'il fait gelée,
Le vin diminue de moitié.

À la mi-mai, queue de l'hiver,
Saint-Honoré, que des pois verts.

17 mai :

S'il tonne au jour de Saint-Pascal,
Sans grêle, ce n'est pas un mal.

Entendez saint Pascal Baylon.

18 mai :

Soleil à la Saint-Éric
Promet du vin plein les barriques.

À Saint-Félix,
Tous les lilas sont fleuris.

Il s'agit de saint Félix de Cantalice.

19 mai :

Yvonnet était le diminutif d'Yves Hélory, saint Yves, prêtre et juge breton, patron des avocats.

Craignez le petit Yvonnet,
Le pire de tous quand il s'y met.

20 mai :

S'il gèle à la Saint-Bernardin,
Adieu le vin.

22 mai :

À Sainte-Émilie,
Luzerne à pleine faucille.

À la Sainte-Julie,
Le soleil ne quitte pas son lit.

La devantière était une jupe fendue que portaient les femmes pour monter à cheval. Ce dicton fait certainement plus référence au devantier, voir jour suivant.

Si elle gèle, sainte Quitère
Emporte tout dans sa devantière.

23 mai :

Haricot semé à la Saint-Didier
En rapporte un demi-setier.

Le setier, ou septier, était une mesure de capacité correspondant à environ 150 litres.

ou

Qui sème les haricots à la Saint-Didier
Les récolte par poignées.

Saint Didier
Ramasse tout dans son devantier.

Le devantier était un grand tablier à poche, porté par les paysannes.

24 mai :

Après Sainte-Angèle,
Le jardinier ne craint plus le gel.

25 mai :

À la Saint-Urbain,
La fleur au grain.

Le vigneron n'est rassuré
Que la Saint-Urbain passée.

À la Saint-Urbain,
Préparez vos tonneaux.

Gelée le soir à la Saint-Urbain
Anéantit fruits, pain et vin.

Soleil à la Saint-Urbain
Présage une année de vin.

S'il pleut à la Saint-Urbain,
C'est quarante jours de pluie en chemin.

Erbinet,
Le pire de tous quand il s'y met,
Car il casse le robinet.

Erbinet, diminutif d'Urbain. Nos ancêtres avaient pour habitude de donner un diminutif se terminant en « et » à certains saints familiers. Voir aussi au 23 avril.

26 mai :

Il s'agit ici de saint Philippe de Néri.

Quand il pleut à la Saint-Philippe,
Le pauvre n'a pas besoin du riche.

27 mai :

À la Sainte-Ildevert
Est mort tout arbre qui n'est pas vert.

28 mai :

Parmi la dizaine de saints prénommés Germain, celui-ci est saint Germain de Paris.

Soleil de Saint-Germain
Nous promet du bon vin.

29 mai :

À la Saint-Gérard,
Les radis sont encore rares.

Ce Gérard est saint Gérard de Brou.

À la Saint-Gérard,
La récolte est encore au hasard.

À la Sainte-Théodosie,
La rose est la fleur choisie.

31 mai :

S'il pleut le jour de sainte Pétronille,
Elle est quarante jours à sécher ses guenilles.
ou
S'il pleut à la Sainte-Pétronille,
Pendant quarante jours, elle trempe ses guenilles.

Pluie de Sainte-Pétronille
Change raisins en grappille.

S'il pleut à la Sainte-Pétronille,
Le blé diminue de moitié.
ou
S'il pleut le jour de Sainte-Pétronille,
Le blé diminue jusqu'à la faucille.

Après Sainte-Angèle,
Le jardinier ne craint plus le gel.

Il s'agit ici de sainte Angèle Merici. Sainte Angèle de Foligno, elle, était fêtée le 27 janvier.

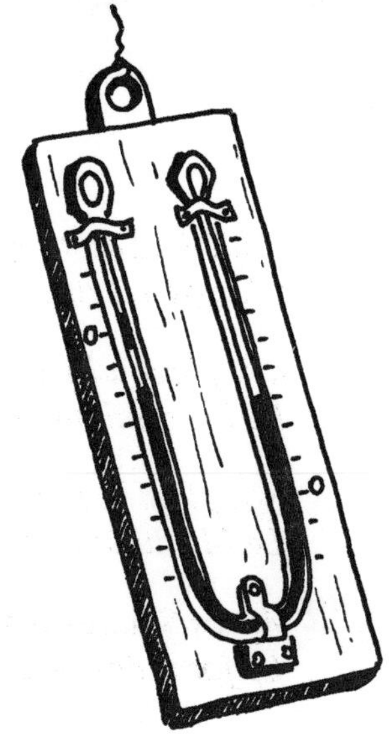

Météoscope du mois de mai

****

On oublie souvent le temps qu'il faisait, à la même époque, les années précédentes. Pour y remédier, notez ci-dessous, au jour le jour, le temps (température, pluie, soleil, orages, etc.) qu'il a fait durant ce mois. Non seulement vous aurez un repère pour les prochaines années, mais vous pourrez juger de la justesse ou de la véracité de certains dictons.

Année : 20..

1 :..

2 :..

3 :..

4 :..

5 :..

6 :..

7 :..

8 :..

9 :..

Année : 20..

1 :..

2 :..

3 :..

4 :..

5 :..

6 :..

7 :..

8 :..

9 :..

Année : 20..

10 : ....

11 : ....

12 : ....

13 : ....

14 : ....

15 : ....

16 : ....

17 : ....

18 : ....

19 : ....

20 : ....

21 : ....

Année : 20..

10 : ....

11 : ....

12 : ....

13 : ....

14 : ....

15 : ....

16 : ....

17 : ....

18 : ....

19 : ....

20 : ....

21 : ....

p. 78 **** Que disait grand-mère... en mai ?

Année : 20..

22 : ....

23 : ....

24 : ....

25 : ....

26 : ....

27 : ....

28 : ....

29 : ....

30 : ....

31 : ....

Année : 20..

22 : ....

23 : ....

24 : ....

25 : ....

26 : ....

27 : ....

28 : ....

29 : ....

30 : ....

31 : ....

Remarques générales : ....

....

....

....

Mois de juin **

Le mois de juin s'appelait « messidor » dans le calendrier républicain et tirait son nom du latin messis, *qui signifie moissons. Ce n'était pas encore la période de la moisson, mais les champs de blé l'annonçaient. Les paysans le regardaient tous les jours pousser en souhaitant un peu de pluie la nuit et du soleil la journée. Ils craignaient la pluie de Saint-Médard, mais s'en remettaient à Saint-Barnabé. Les vignerons, eux, s'employaient à traiter leurs vignes contre la maladie. C'était aussi, d'après les dictons, la saison de tondre les moutons et de récolter le premier miel. Heureusement que les jours rallongeaient, car il y avait beaucoup de travail, comme on le voit en consultant les tâches à faire publiées dans les almanachs :*

Agriculture : Fumer les jachères. Biner pommes de terre et betteraves. Irriguer les prairies fauchées.

Viticulture : Continuer les labours pour maintenir le sol en état de propreté. Visiter les greffes pour les sevrer et les attacher aux piquets. Faire les incisions annulaires et les pincements contre la coulure. Continuer les traitements contre les maladies cryptogamiques (mildiou ou oïdium) et contre les insectes.

Au cellier : Bien aérer la nuit pour éviter une trop grande élévation de température dans la journée. Surveiller les vins en cave et ouiller les futailles pleines. Passer en revue les futailles vides et mécher (désinfecter l'intérieur par combustion d'une mèche soufrée) celles qui en auraient besoin.

Arboriculture et horticulture : Sarcler, biner, arroser. Semer choux-fleurs et choux tardifs, chicorées, scaroles, poireaux, haricots, pois et épinards. Tailler aubergines, tomates et melons. Ramer les pois et haricots. Vers la fin du mois, tailler en vert les arbres fruitiers. Apporter des engrais chimiques à action immédiate aux arbres peu vigoureux ou trop chargés de fruits.

Apiculture : Surveiller les ruches. Retirer les rayons operculés qui doivent être consommés tels quels. Vers le 15 juin, faire des essaims artificiels si l'on veut augmenter son rucher. Vers la fin du mois, récolter le miel.

Bétail : Faire pâturer les vieilles luzernes par les moutons. Sevrer agneaux et poulains nés en février. Tondre les moutons. Mettre le bétail au régime du vert complet.

Dictons

Pluie de juin :

Juin larmoyeux
Rend le laboureur joyeux.

Ici, le terme « larmoyeux » signifie toute petite pluie.

En juin, la pluie est loin,
Et, s'il pleut, chaque goutte est comme un coup de poing.

En juin, la pluie qui vient de l'amont
Trempe la terre jusqu'au fond.

En juin, trop de pluie,
Et le grenier vide s'ennuie.

En juin, trop de pluie,
Et le jardinier s'ennuie.

ou

S'il pleut en juin,
Le jardinier ronge son poing.

Eau de juin
Ruine le moulin.

Entendez le moulin à blé, car les céréales manquaient alors de soleil pour mûrir.

Froid de juin :

Juin froid et pluvieux,
Tout l'an sera grincheux.

Brouillard de juin :

En juin, brume obscure
Trois jours seulement dure.

Vent de juin :

De juin, le vent du soir
Est pour le grain bon espoir.

Plantes et cultures en juin :

Juin bien fleuri,
Vrai paradis.

Si juin fait la quantité,
Septembre fait la qualité.

Si le dix juin est serein,
On assure avoir du grain.

Ciel du dix juin boudeur,
Foin mal sec et sans saveur.

La pluie de juin
Fait belle avoine et maigre foin.

Un pré est vaurien
Quand en juin il donne rien.

En beau juin,
Toute mauvaise herbe donne bon foin.

Vigne et vin en juin :

Prépare autant de tonneaux
Qu'en juin tu compteras de jours beaux.

Animaux en juin :

En juin, c'est la saison
De tondre les moutons.

Amour en juin :

Aux mois de mai et de juin,
Qui se marie, fort peu fait.

Cela signifiait que seuls les fainéants se mariaient ces mois où le travail, fenaison et moisson, ne manquait pas.

En juin, juillet et août,
Ni femmes, ni choux.

Durant ces mois, les paysans étaient trop occupés par les travaux des champs pour avoir le temps de « courir le guilledou ». Quant aux choux, ce n'était pas la saison.

Santé en juin :

En juin, lave ton corps à la fin du jour,
Tiens-toi en joie et ne mange pas trop.

Qui en juin se porte bien,
Au temps chaud ne craindra rien.

Dictons généraux de juin :

****

Qui pêche en juin,
Pêche menu fretin.

Été bien doux,
Hiver en courroux.

Le temps qu'il fait en juin, le trois,
Sera le temps du mois.

et les saints ???

À quel saint se vouer en juin ?

****

1er juin : ....

À la Saint-Fortuné,
Grande hannetonnée.

Aujourd'hui, pesticides aidant, on ne voit plus guère de hannetons.

2 juin : ....

Saint-Marcellin,
Bon pour l'eau, bon pour le vin.

À la Saint-Pothin,
Bonhomme, sème ton sarrasin.

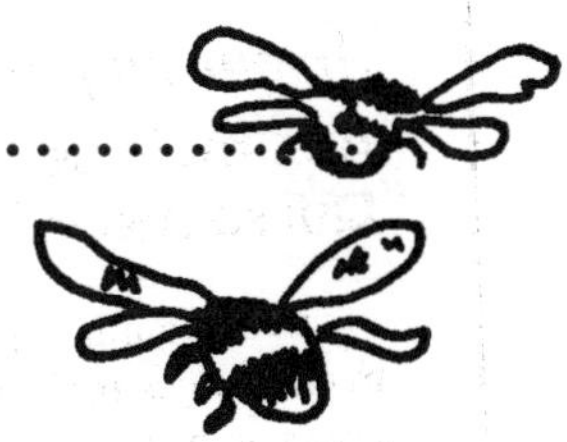

4 juin : ....

À la Sainte-Clotilde,
De fleurs en buissons,
L'abeille butine à foison.

6 juin : ....

Les bains que prend saint Norbert
Inondent toute la terre.

Il s'agit de saint Norbert de Xanten.

8 juin : ....

S'il pleut à la Saint-Médard,
Et que la Saint-Barnabé
Ne lui coupe le pied,
Il pleut quarante jours plus tard.

ou

Médard de Noyon est l'un des nombreux saints patrons des paysans. Par « quarante jours plus tard », il faut entendre « pendant quarante jours »! Quant à saint Barnabé, apôtre, il est fêté le 11 juin.

S'il pleut à la Saint-Médard,
Il pleut quarante jours plus tard,
À moins que Saint-Barnabé
Ne vienne l'arrêter.

ou suivant les régions :

À moins que Saint-Barnabé
Ne vienne tout arranger.

ou

À moins que Saint-Barnabé
Ne lui coupe l'herbe sous le pied.

S'il pleut à la Saint-Médard,
La récolte diminue d'un quart.

10 juin : ....

À la Saint-Landry, s'il tonne,
Restera vide la tonne.

11 juin : ....

À la Saint-Barnabé,
Fauche ton pré.

À la Saint-Barnabé,
Les jours croissent du saut d'un baudet.

13 juin : ....

Saint-Antoine
Ouvre le derrière des poules.

Qui sème sa salade à Saint-Antoine
En a comme la barbe d'un moine.

Il s'agit de saint Antoine de Padoue. Aujourd'hui encore, certaines paysannes considèrent que leurs poules sont meilleures pondeuses à partir de la Saint-Antoine.

Pour la Saint-Antoine,
Les jours croissent comme la barbe d'un moine.

À la Saint-Antoine de Padoue,
Toujours du temps doux.

14 juin :

À Saint-Rufin,
Cerises à plein jardin.

On fêtait également ce jour-là saint Valère, avec qui Rufin avait été martyrisé au IIIe SIÈCLE à Bazoches-sur-Vesles, dans l'Aisne.

15 juin :

C'était le cas dans les garrigues de Provence où, généralement, le mois de juin était très chaud et très sec. Mais que l'on se rassure, on pouvait encore ramasser ces herbes à la Saint-Jean. En août, il suffisait d'une petite pluie d'orage pour qu'elles reverdissent.

À la Saint-Augustin,
Le soleil a grillé le serpolet et le thym.

Pluie de Saint-Guy,
C'est tout l'an qui rit.

Sur les vingt saints prénommés Bernard, celui-ci est Bernard de Menthon.

Jeunes et vieux renards
Ne quittent plus le bois à la Saint-Bernard.

16 juin :

Pluie de Saint-Aurélien
Fait belle avoine et maigre foin.

Si le jour de la Saint-Fargeau
La lune se fait dans l'eau,
Le reste du mois est beau.

C'est-à-dire : s'il pleut le jour de la nouvelle lune.

S'il pleut le jour de la Saint-Cyr,
Le vin diminue jusqu'à la tire.

17 juin :

Temps de Saint-Hervé
N'est pas toujours mauvais.

18 juin :

Pluie de Saint-Léonce
Pour trente jours s'annonce.

Mauvais temps à la Saint-Léonce,
Peu de fruits, beaucoup de ronces.

Les fruits dont il s'agit ici sont les mûres, dont ma grand-mère faisait force confitures.

19 juin :

Quand il pleut à la Saint-Gervais,
Il pleut quarante jours après.

Saint-Gervais, quand il est beau,
Tire Saint-Médard hors de l'eau.

20 juin :

Pluie d'orage à la Saint-Silvère,
C'est beaucoup de vin dans le verre.

22 juin :

À la Saint-Alban,
On peut poser ses vêtements.

Audrey est une variante du prénom celtique Etheldrede, celui d'une abbesse qui fonda l'abbaye d'Ely, en Grande-Bretagne, au VIIe siècle.

23 juin :

Le sage dit qu'à la Sainte-Audrey,
Mieux vaut suer que grelotter.

24 juin :

La nuit de Saint-Jean
Est la plus courte de l'an.

Prends tes habits légers le vingt-quatre juin,
Et reprends ceux d'hiver le lendemain.

Beau temps trois jours durant,
Avant la Saint-Jean,
Bon grain pour l'an.

Le vent était espéré à cette période de l'année, car il chassait les nuages annonciateurs de pluie, crainte à la veille des moissons. Saint Pierre était fêté, avec Paul, le 29.

Avant la Saint-Jean, pluie bénite,
Après la Saint-Jean, pluie maudite.

Si Saint-Jean manque sa ventée,
Celle de Saint-Pierre ne sera pas volée.

Les herbes de la Saint-Jean étaient des herbes médicinales cueillies, principalement dans le Midi, dans la nuit du 24 juin. Parmi elles, le millepertuis, l'armoise, l'orpin, appelé aussi « poivre de muraille », l'immortelle, la feuille de noyer et le lierre terrestre. Chacune avait ses vertus, des vertus reconnues puisque aujourd'hui elles entrent dans la composition de médicaments phytothérapiques modernes. **Nos grands-mères, une fois de plus, avaient raison avant tout le monde.**

Les herbes de Saint-Jean
Gardent leurs vertus tout l'an.

Un berger qui vaut quelque argent
N'est plus à louer à la Saint-Jean.

Dans de nombreuses régions, la Saint-Jean était le « jour de louée » pour les ouvriers agricoles, en vue des travaux de moisson et de battage. À cette date, tous les « bons » bergers étaient déjà en estive dans les pâturages.

25 juin :

Le jour de la Saint-Prosper,
N'oublie pas de fumer la terre.

S'il fait beau à la Saint-Guillaume,
Auras du blé plus que de chaume.

28 juin :

Le jour de Saint-Irénée,
C'est l'un des plus beaux de l'année.

29 juin :

S'il pleut à la veille de Saint-Pierre,
La vinée est réduite au tiers.

Saint-Pierre et Saint-Paul pluvieux
Est pour trente jours dangereux,
Mais si la journée est saine,
Elle annonce une année sereine.

De Saint-Paul la claire journée,
Nous dénote une bonne année.

30 juin :

Pour la Saint-Martial,
La faux est au travail.

Dans de nombreuses régions, c'était le début de la moisson.

Lorsqu'en juin on voit sa fin,
Saint-Martial souvent lave le chemin.

La nuit de Saint-Martial,
L'abeille prend son bien ou son mal.

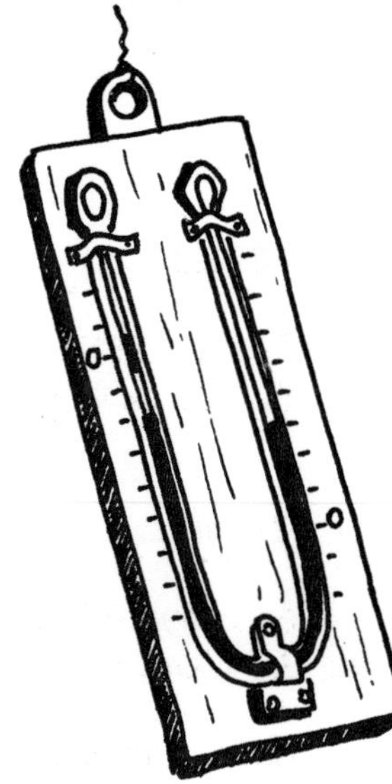

Météoscope du mois de juin

****

On oublie souvent le temps qu'il faisait, à la même époque, les années précédentes. Pour y remédier, notez ci-dessous, au jour le jour, le temps (température, pluie, soleil, orages, etc.) qu'il a fait durant ce mois. Non seulement vous aurez un repère pour les prochaines années, mais vous pourrez juger de la justesse ou de la véracité de certains dictons.

Année : 20..

1 :..

2 :..

3 :..

4 :..

5 :..

6 :..

7 :..

8 :..

9 :..

Année : 20..

1 :..

2 :..

3 :..

4 :..

5 :..

6 :..

7 :..

8 :..

9 :..

Année : 20..

10 : ....

11 : ....

12 : ....

13 : ....

14 : ....

15 : ....

16 : ....

17 : ....

18 : ....

19 : ....

20 : ....

21 : ....

Année : 20..

10 : ....

11 : ....

12 : ....

13 : ....

14 : ....

15 : ....

16 : ....

17 : ....

18 : ....

19 : ....

20 : ....

21 : ....

Année : 20..

22 : ....

23 : ....

24 : ....

25 : ....

26 : ....

27 :..

28 : ....

29 : ....

30 : ....

31 : ....

Année : 20..

22 : ....

23 : ....

24 : ....

25 : ....

26 : ....

27 :..

28 : ....

29 : ....

30 : ....

31 : ....

Remarques générales : ....

....

....

....

Mois de juillet**

(« Thermidor » dans le calendrier républicain.)

Au début du XXe siècle, alors que la mécanisation agricole en était à ses balbutiements, tous les paysans respectaient le précepte suivant : À la Saint-Thierry, aux champs jour et nuit. *La Saint-Thierry était, en effet, fêtée le 1er juillet, le mois de l'année le plus important pour eux, celui de la moisson et de la fenaison. Aussi, s'ils chaumaient, les paysans ne chômaient pas, car les travaux des champs ne manquaient pas, comme on peut s'en rendre compte en lisant, ci-dessous, les tâches à effectuer répertoriées dans les almanachs agricoles :*

Agriculture : Battre les céréales. Déchaumer aussitôt la moisson enlevée. Continuer de biner, sarcler et arroser. Semer les haricots après les céréales. Faucher la troisième coupe des prairies artificielles et la deuxième des prairies naturelles. Irriguer après la fauchaison.

Viticulture : Continuer les traitements anticryptogamiques et maintenir le sol exempt de mauvaises herbes par des labours ou des façons faites à la houe. Enlever les repousses et les drageons.

Arboriculture et horticulture : Continuer les semis de haricots pour la récolte en vert. Repiquer les choux. Enlever les coulants des fraisiers. Lier céleri, chicorée et scarole. Continuer la taille en vert des arbres fruitiers.

Apiculture : Éviter les pillages. Vérifier la fécondation des jeunes reines ; celles qui n'ont pas pondu trois semaines après leur éclosion doivent être tuées et remplacées.

Bétail : Éviter de faire pâturer les animaux pendant les heures très chaudes. Tondre les brebis.

dictons

Ciel de juillet :

Ciel de juillet rouge au matin
Ne reste pas longtemps serein.

ou

Ciel de juillet rouge au matin
Est un pluvieux voisin.

Sécheresse de juillet :

Jamais en juillet la moindre sécheresse
N'a causé la moindre détresse.

Pluie de juillet :

Si le premier juillet est pluvieux,
Tout le mois sera douteux.

S'il fait beau en juillet, bonne récolte,
S'il pleut, moisson molle.

En juillet pluie du matin
Est bonne au grain.

Pluie du dix juillet,
Pluie de sept semaines.

Soleil de juillet :

Juillet ensoleillé
Remplit cave et grenier.

Tonnerre de juillet :

Juillet sans orage,
Famine au village.

Juillet, orage de nuit,
Peu de mal, mais que de bruit !

Chaleur de juillet :

De juillet chaud vient un automne
Pendant lequel souvent il tonne.

De juillet la chaleur
Fait de septembre la valeur.

Plantes et cultures en juillet :

Juillet ne s'est jamais passé
Sans voir du blé nouveau
sassé.

Par « sassé », il faut entendre « mis en sac ».

Qui veut beau navet
Le sème en juillet.

ou

Pour avoir un beau navet,
Juillet doit le trouver fait.

Vigne et vin en juillet :

Mi-juillet sec et beau
Fait du vin comme de l'eau.

Entre juillet et août,
Le boire est de bon goût.

Le vin de l'année précédente est bon à boire.

Animaux en juillet :

Les abeilles en juillet
Ne valent grain de millet.

Car il y a moins de fleurs à butiner… sauf la lavande, en Provence.

Santé en juillet :

Qu'on soit fumiste ou
dramaturge,
C'est en juillet qu'on se purge.

Par « fumiste », il faut entendre celui qui entretenait les conduits de cheminée.

Dictons généraux de juillet :

****

Au mois de juillet,
Bouche noire, gosier sec.

Bouche noire à cause de la poussière des champs.

En juillet, mois d'abondance,
Le pauvre a toujours sa
pitance.

Qui dort en juillet jusqu'au
soleil levant,
Mourra pauvre finalement.

En période de moisson, tous les journaliers pouvaient travailler, mais il fallait se lever tôt !

et les saints ????

À quel saint se vouer en juillet ?

****

1er juillet :

À la Saint-Thierry,
Aux champs jour et nuit.

Les moissons battaient alors leur plein.

3 juillet :

À la Saint-Thomas,
Les jours sont au plus bas.

À la Saint-Anatole,
Confitures dans la casserole !

Soleil du jour de Saint-Anatole
Pour la moisson joue un grand rôle.

4 juillet :

Pour la Sainte-Berthe,
Se cueille l'amande verte,
Si elle n'est pleine que de lait,
Il faut laisser mûrir le blé.

À Sainte-Berthe,
Moissons ouvertes.

5 juillet :

À Sainte-Zoé,
Jeunes oés.

Oés : « oies » en ancien Français.

7 juillet :

Quand à la Saint-Raoul, le soleil brille,
C'est le moissonneur qui grille.

8 juillet :

À la Saint-Thibaut,
Sème tes raves et arrache tes aulx.

9 juillet :

Avec Sainte-Procule
Arrive la canicule.

10 juillet :

Le jour de Sainte-Félicité se voit venir avec gaîté,
Car c'est le plus beau jour de l'été.

11 juillet :

Pour Saint-Benoît,
Le coucou chante aux bons endroits,
Si pour Notre-Dame il n'a pas chanté,
Il est tué ou bâillonné.

Notre-Dame, c'est le 15 août.

12 juillet :

Rosée du jour de Saint-Savin
Est, dit-on, rosée de vin.

13 juillet :

Cet Henri était Henri II de Germanie.

Quoi que fasse Saint-Henri,
Le paysan en rit.

Quand reviendra la Saint-Henri,
Tu planteras ton céleri.

À Saint-Henri suée,
Mauvaise moissonnée.

Pluie à la Saint-Henri
Ne met pas le travailleur au paradis.

Il y a une dizaine de saints du calendrier romain prénommés Eugène. Le 13 juillet, nos ancêtres fêtaient Eugène de Carthage.

Pluie à la Saint-Eugène
Met le moissonneur à la gêne,
Mais si le soleil pompe l'eau,
C'est signe de huit jours de beau.

15 juillet :

Si la Saint-Jacques est serein,
L'hiver sera dur et chagrin.

Ce Jacques était Jacques de Nisibe.

16 juillet :

Mieux vaut chèvre que vache à lait,
Quand la Bonne Dame du Carmel est arrivée.

17 juillet :

Mi-juillet, le foin, qui se récolte normalement en juin, était complètement brûlé et avait perdu ses qualités de fourrage.

À la Saint-Alexis,
Foin occis.

19 juillet:

À la Saint-Arsène,
Mets au sec tes graines.

20 juillet:

S'il pleut à la Sainte-Marguerite,
Les noix seront gâtées bien vite.
ou
S'il pleut à la Sainte-Marguerite,
Les noix seront rentrées bien vite.

À la Sainte-Marguerite,
Forte pluie est maudite.

Du tonnerre à la Sainte-Marguerite,
Le fermier se console bien vite,
Il n'est jamais assez mouillé
Pour que le blé ne soit rouillé.

À la Sainte-Marguerite,
Pluie jamais au paysan ne sourit,
Mais pluie à la Sainte-Anne,
C'est de la manne.

La Sainte-Anne est fêtée le 26 juillet. Cette Marguerite était Marguerite d'Antioche, protectrice des paysans. Marguerite, reine d'Écosse, elle, était fêtée le 16 novembre.

21 juillet:

Quand il pleut le jour de Saint-Victor,
La récolte n'est pas d'or.

À Saint-Victor,
Le moissonneur ne dort.

Il n'y avait pas de temps à perdre en moisson.

Entre Saint-Victor et Saint-Roch,
Des orages, les grands chocs.

Il s'agit de saint Victor de Marseille. Quant à Saint Roch, il était fêté le 16 août.

22 juillet :

À la Sainte-Madeleine, l'amande est pleine,
Le raisin coloré, la figue mûre et le blé rentré.

Madeleine,
Pluie amène.

Il s'agit de Marie-Madeleine.

À la Sainte-Madeleine, il pleut souvent,
Car elle vit son maître mourant.

Saint Laurent était fêté le 10 août.

À la Sainte-Madeleine,
Les noix sont pleines,
Attends Saint-Laurent
Pour fouiller dedans.

23 juillet :

À Saint-Apollinaire,
Dernières semailles de laitue en pleine terre.

24 juillet :

À la Sainte-Christine
Mûrit l'aubépine.

La moisson se faisait alors à la faucille ou à la faux.

À la Sainte-Christine,
Coupe le blé, plie l'échine.

25 juillet :

Ce dicton fait référence à saint Jacques, dit « le Majeur ».

Si Saint-Jacques est serein,
L'hiver sera dur et chagrin.

26 juillet:

S'il pleut pour la Sainte-Anne,
Il pleut un mois et une semaine.

S'il pleut à la Sainte-Anne,
C'est tout de la manne.

Si les fourmis s'agitent à la Sainte-Anne,
L'orage descend de la montagne.

De Sainte-Anne à Saint-Laurent,
Plante des raves en tout temps.

27 juillet:

Pour leur fête, souvent,
Les Sept Dormants redressent le temps.

Il s'agit de la fête des Sept Dormants d'Ephèse : Maximien, Malchus, Marcien, Denys, Jean, Sérapion et Constantin. Chose unique, ils sont également vénérés dans la religion musulmane. Un pèlerinage réunit d'ailleurs chaque année les deux communautés religieuses dans la chapelle des Sept-Saints, dans un hameau du Vieux-Marché, dans les Côtes-d'Armor.

À la Sainte-Nathalie,
Temps joli.

28 juillet:

Quand il pleut le jour de Saint-Victor,
La récolte n'est pas d'or.

Il s'agit du pape Victor Ier.

Si le jour de la Saint-Samson,
Le temps est bon,
Pour le vigneron,
Le vin sera bon.

Il s'agit de Samson, évêque de Dol, mort en 565.

Il s'agit de saint Germain d'Auxerre.

29 juillet :

Mauvais temps le jour de Sainte-Marthe
N'est rien, car il faut qu'il parte.

À Sainte-Marthe,
Prunes mûres, bonne tarte.

Souvent, quand Saint-Lazare appelle le froid,
Il ne reste pas.

30 juillet :

À la Sainte-Juliette,
L'été est en fête.

Bon fermier, à la Sainte-Juliette,
Doit vendre ses poulettes.

À Saint-Abdon,
Mûrs sont les melons.

31 juillet :

Chaleur de Saint-Germain
Met à tous le pain dans la main.

Au jour de Saint-Ignace,
Moissonne quelque temps qu'il fasse.

Météoscope du mois de juillet

****

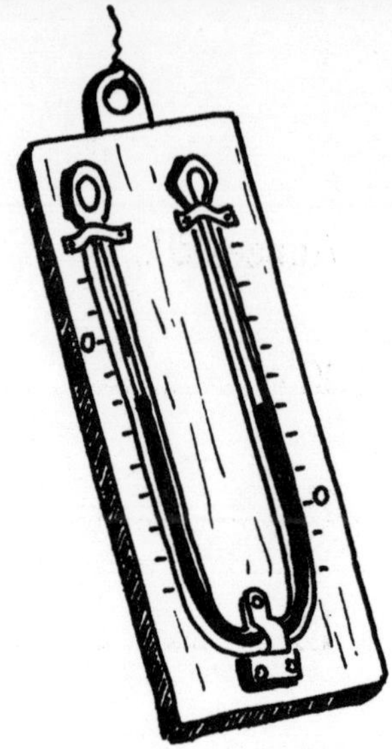

On oublie souvent le temps qu'il faisait, à la même époque, les années précédentes. Pour y remédier, notez ci-dessous, au jour le jour, le temps (température, pluie, soleil, orages, etc.) qu'il a fait durant ce mois. Non seulement vous aurez un repère pour les prochaines années, mais vous pourrez juger de la justesse ou de la véracité de certains dictons.

Année : 20..

1 :..

2 :..

3 :..

4 :..

5 :..

6 :..

7 :..

8 :..

9 :..

Année : 20..

1 :..

2 :..

3 :..

4 :..

5 :..

6 :..

7 :..

8 :..

9 :..

Année : 20..

10 : ....

11 : ....

12 : ....

13 : ....

14 : ....

15 : ....

16 : ....

17 : ....

18 : ....

19 : ....

20 : ....

21 : ....

Année : 20..

10 : ....

11 : ....

12 : ....

13 : ....

14 : ....

15 : ....

16 : ....

17 : ....

18 : ....

19 : ....

20 : ....

21 : ....

Année : 20..	Année : 20..
22 :	22 : ....
23 :	23 : ....
24 :	24 : ....
25 :	25 : ....
26 :	26 : ....
27 :	27 : ....
28 :	28 : ....
29 :	29 : ....
30 :	30 : ....
31 :	31 : ....

Remarques générales : ....
....
....
....

Mois d'août**

(« Fructidor », dans le calendrier républicain)

Au mois d'août, les paysans achevaient les grands travaux (moisson, battage et fenaison) commencés en juillet. Il y avait tellement de travail que tous respectaient l'adage : En août et en vendanges, il n'y a ni fêtes, ni dimanches. *Même épuisés, ils étaient sans doute moins nombreux à obéir au précepte suivant :* En août, ni femmes, ni moût !

Le travail était d'autant plus harassant qu'il faisait chaud. Il fallait non seulement protéger son crâne du soleil, mais également, pour éviter les refroidissements, respecter le dicton : Au mois d'août, n'ôte ta flanelle qu'en cas de chaleur torrentielle.

Mais point de repos, si l'on s'en remettait aux travaux du mois de l'almanach agricole :

Agriculture : Terminer le battage. Continuer le déchaumage et la préparation du sol en vue des semailles ou plantations d'automne et d'hiver. Refaire les ruisseaux en bordure des champs pour permettre l'écoulement des eaux. Continuer les irrigations des prairies.

Viticulture : Surveiller la pousse des nouvelles greffes, continuer l'enlèvement des drageons. Donner un bon soufrage au début de la véraison. Continuer, si possible, de donner au sol des façons superficielles contre la sécheresse.

Au cellier : Vérifier la vaisselle vinaire, préparer et nettoyer les cuves, foudres, etc., en vue de la vendange prochaine. Surveiller les vins en cave et ouiller.

Arboriculture et horticulture : Arroser fréquemment. Effectuer les derniers semis de légumes d'arrière-saison. Semer épinards, mâches, laitues d'hiver, carottes et navets. Repiquer les choux semés en juillet. Renouveler les planches de fraises des quatre saisons. Greffer en écusson à œil dormant pruniers, pêchers, abricotiers, cerisiers, poiriers et pommiers.

Apiculture : Continuer la récolte. Même travail qu'en juillet.

Bétail : Faire paître dans les champs avant le déchaumage. Envoyer moutons et porcs dans les chaumes. Faire un choix dans les volailles : garder les plus belles pour la ponte.

dictons

Sécheresse d'août :

Août tarit les fonts,
Ou emporte les ponts.

Par « fonts », entendez « fontaines ».

Soleil d'août :

Soleil rouge en août,
C'est la pluie partout.

Pluie d'août :

De pluie en août,
N'en faut pas du tout.

S'il pleut au premier août,
Les noisettes sont piquées de poux.

Quand août n'est pas pluvieux,
Septembre est souvent radieux.

Pluie des premiers jours d'août,
Peu de regain en tout.

Chaleur d'août :

Le mois d'août est toujours chaud,
Quand le premier de l'an est beau.

Temps trop beau en août
Annonce hiver en courroux.

Tonnerre d'août :

S'il tonne en août,
Grande prospérité partout,
Mais des maladies, beaucoup.

Tonnerre d'août,
Grosses grappes et bon moût.

Vent d'août :

Au mois d'août,
Le vent est fou.

Lune d'août :

Coupe ton bois en pleine lune d'août,
Il sera dur comme un os.

Arc-en-ciel d'août :

Arc-en-ciel d'août vers la nuit,
Pluie et vent pour minuit.

Plantes et cultures en août :

Au mois d'août, il fait bon
Aller chercher la salade et la ciboule.

Août mûrit les fruits,
Septembre les cueille.

Août mûrit, septembre vendange,
En ces deux mois, tout bien s'arrange.

Ce que le mois d'août ne mûrira pas,
Ce n'est pas septembre qui le fera.

Il faut cueillir les choux
L'un des trois premiers jours d'août.

À la mi-août,
Les noix ont le ventre roux.

Vigne et vin en août :

Août pluvieux,
Celliers vineux.

Mois d'août pluvieux
Rend le cep vineux.

Température d'août
À nos vins donne goût.

Le degré d'alcool du vin dépendait de la chaleur des semaines précédant les vendanges.

Animaux en août :

Les poussins du mois d'août
N'ont jamais le derrière clos.

Femme grosse et poulets au mois d'août
Ont toujours froid.

Le quinze août, le coucou perd son chant,
C'est la caille qui le reprend.

En août,
Les gélines sont sourdes.

Entendez « les poules sont silencieuses ».

Amour en août :

Quiconque se marie en août,
Souvent, n'amasse rien du tout.

De la moisson d'août dépendait, en grande partie, l'économie de la ferme. Se marier ce mois-là était inconcevable pour les paysans.

Femmes en août :

Au mois d'août,
Femmes, retirez-vous.

Disons, pudiquement, qu'en ce mois, les hommes étaient trop accaparés par les travaux des champs !

Santé en août :

Août rend les enfants malades,
Septembre les emmène.

Au mois d'août, n'ôte ta flanelle
Qu'en cas de chaleur torrentielle.

Nos grands-pères qui exerçaient des métiers physiques, se ceignaient les reins d'une ceinture de flanelle longue de 3 mètres. En aspirant la transpiration, cette ceinture miracle évitait les refroidissements et les « maux de reins » qui les auraient handicapés.

Quand même la couche serait à ton goût,
Ne dors pas sous le soleil d'août.

Le soleil d'août
Rend fou.

En été, dans les champs, nos grands-parents paysans protégeaient tous leur tête du soleil.

La fièvre d'août
Dure un an ou deux.

La pleine lune d'août
Emporte le malade ou le ramène.

Le mois d'août
Fait souvent porter le deuil.

En août, ni femmes,
Ni moût.

En cette période de moisson, la tempérance était souhaitée, et pour les femmes, et pour la boisson !

Dictons généraux d'août :

****

Les nuits d'août
Trompent les sages et les fous.

Quand août est bon,
Abondance à la maison.

Quiconque en août s'endormira,
En janvier s'en repentira.

Car c'était le mois où il y avait le plus de travail.

En août, de l'aube au soir,
On n'a qu'une heure pour s'asseoir.

En août et en vendanges,
Il n'y a ni fêtes, ni dimanches.

En août, les paysans étaient occupés tout le mois à leur moisson et à celle de leurs voisins ; en septembre, c'était le tour des vendanges.

À la mi-août,
L'hiver se noue.

Tels les trois premiers jours d'août,
Tel le temps de l'automne.

et les saints ????

À quel saint se vouer en août ?

****

2 août :

À la Saint-Eusèbe,
Au plus tard, fais battre la gerbe.

À la Saint-Eusèbe,
Ponte des poules est faible.

5 août :

À Saint-Abel,
Confitures de mirabelles.

8 août :

Saint Dominique
A souvent chaud dans sa tunique.

Il s'agit de Dominique de Guzman.

10 août :

Froidure à la Saint-Laurent,
Froidure à la Saint-Vincent.

Saint Vincent de Paul était fêté le 27 septembre.

De la Saint-Laurent à Notre-Dame,
La pluie n'afflige pas l'âme.

Par « Notre-Dame », il faut entendre « l'Assomption de la Vierge Marie », fêtée le 15 août.

Pour Saint-Laurent,
Tout fruit est bon pour les dents.

Quand il pleut à la Saint-Laurent,
La pluie vient assez à temps.

Saint-Laurent partage
L'été par le milieu.

À la Saint-Laurent,
La noix craque sous la dent.

Il s'agit de saint Laurent de Rome.

À la Saint-Laurent,
Si noix est, regarde dedans.

11 août:

Si, le jour de Sainte-Claire,
La journée est chaude et claire,
Comptez sur les fruits à couteau,
À coup sûr, ils seront beaux.

Toujours, pour la Sainte-Claire,
Journée chaude et claire.

Il s'agit de sainte Claire d'Assise.

À la Sainte-Claire, s'il éclaire et tonne,
C'est l'annonce d'un bel automne.

À la Sainte-Suzanne,
Veau bienvenu qui tête.

13 août:

C'est vers la Saint-Hippolyte
Que le raisin change au plus vite.

À la Sainte-Radegonde,
Quand l'eau abonde,
La misère est dans le monde.

À la Sainte-Radegonde, en moisson,
Les minutes sont des secondes.

À cette date, il était bien tard pour faire les moissons. Il fallait donc se dépêcher, d'autant qu'il fallait ensuite monter les gerbiers et procéder au battage. C'était risqué, car en cette mi-août, les orages venaient souvent gâter les choses.

15 août:

La vierge du quinze août
Arrange ou dérange tout.

Le 15 août est la fête de l'Assomption de la Vierge Marie, appelée aussi « Notre-Dame ».

Pluie de Notre-Dame
Fait tout vin ou tout châtaigne.

Qui bat avant Notre-Dame, bat quand il veut,
Qui bat après Notre-Dame, bat quand il peut.

Les œufs pondus entre les deux Notre-Dame
Se gardent plus longtemps que les autres.

Entre les deux Notre-Dame,
Jamais serpent n'a osé se montrer.

La période entre les deux Notre-Dame va du 15 août, Assomption, au 8 septembre, Nativité de la Vierge.

16 août:

Après Saint-Roch,
Aiguise ton soc !

Afin de se préparer aux nouveaux labours.

Le jour de la Saint-Roch, pour préserver le bétail de la peste, on ne liait pas les bœufs et on donnait aux pauvres tout le lait des vaches.
Né à la fin du IIIe siècle, à Montpellier, où il fit ses études de médecine, **saint Roch passa sa vie à soigner les pestiférés.** Touché à son tour par la maladie en Italie, il se réfugia dans une forêt proche de Plaisance, où, **selon la légende, il était nourri par un chien qui dérobait de la nourriture à son maître. C'est pour cette raison qu'il est toujours représenté avec son compagnon à quatre pattes.**

18 août:

À la Sainte-Hélène,
La noix est pleine,
Et le cerneau
Se met dans l'eau.

Vigneron qui prie sainte Hélène
Ne perd pas sa peine.

Des derniers jours d'août, sans grêle, avec un peu de pluie et beaucoup de chaleur, dépendait la qualité de la vendange.

20 août:

Saint-Bernard
Fait mûrir les grains en retard.

Pluie de la Saint-Bernard
Fait déborder la mare.

Aujourd'hui, comme il y a cent ans, les pluies d'orage de cette période d'août sont souvent diluviennes.

Quand arrive la Saint-Bernard,
Si tu n'es pas en retard,
Ton blé n'est plus sous le hangar,
Et le moissonneur a sa part.

Il s'agit de Bernard de Clairvaux.

À la saint Bernard,
Pour moissonner, il est bien tard.

21 août:

Si tu as vu Saint-Christophe,
Tu ne crains aucune catastrophe.

Pluie violente à la Saint-Christophe
Peut mener à la catastrophe.

Notamment pour les paysans vignerons, une pluie violente pouvant abîmer les grains de raisin arrivant en maturité.

À la Saint-Privat,
La noisette est dans les bolats.

Bolats, autrement dit, fossés.

22 août :

Pluie de la Saint-Fabrice
Ne rend pas le paysan riche.

Beaucoup de belettes blanches
pour Saint-Symphorien
Disent que l'hiver est en chemin.

En fait, ces « belettes blanches » étaient des hermines, mustélidés un peu plus gros que les belettes, et dont le pelage brun devenait blanc en hiver, à l'exception de l'extrémité de la queue, qui restait noire. C'était – et c'est toujours – l'animal symbolique de la Bretagne, dont le drapeau est noir et blanc, ou plutôt *gwenn ha du*.

23 août :

À la Sainte-Rose,
Pour le travailleur, pas de pause.

24 août :

À la Saint-Barthélemy,
La grenouille sort de son nid.

À la Saint-Barthélemy,
La perche au noyer,
Le trident au fumier.

Dans certaines régions du Sud, on commençait déjà à gauler les noyers, non pour consommer les noix en tant que fruits secs, mais pour les « dénoisiller » et les faire transformer en huile au moulin.

25 août :

Beau temps de Saint-Louis,
Plusieurs jours sans pluie.

Si la lune de Saint-Louis
Se fait en beau, sois réjoui.

À la Saint-Louis, le foin non rentré
Est à moitié gâté.

Il s'agit de Louis IX, roi de France. À noter qu'il y a un ou deux siècles, Louis était un prénom très usité dans toutes les régions (catholiques et royalistes) de France… à une exception près, cependant. Longtemps, les habitants du Sud-Ouest, d'Albi à Carcassonne, en passant par Foix et Toulouse, haïrent le prénom de ce « soi-disant saint » qui n'avait rien fait pour arrêter le massacre de centaines de milliers, pour ne pas dire de millions de paysans, devenus hérétiques pour avoir embrassé la religion cathare. Mais ceci est une autre histoire. Aujourd'hui, il y a de nombreux Louis qui vivent au pied des châteaux en ruine de Montségur, Puylaurens ou Peyrepertuse. C'est ainsi !

26 août:

À la Saint-Césaire,
La dernière forte chaleur en l'air.

27 août:

À la Sainte-Monique,
Te plains pas si le soleil te pique.

28 août:

Fine pluie à Saint-Augustin,
C'est comme s'il pleuvait du vin.

À la Saint-Augustin,
Les orages sont proches de leur fin.

29 août:

Pluie de la Sainte-Sabine
Est une grâce divine.

30 août:

À la Saint-Fiacre, soleil ardent,
Pour huit jours encore du beau temps.

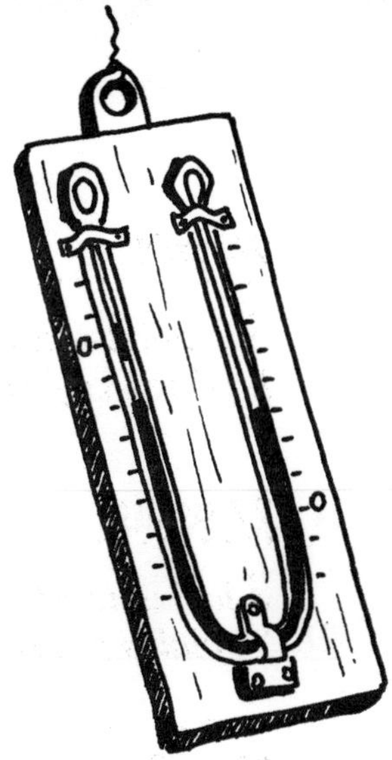

Météoscope du mois d'août

****

On oublie souvent le temps qu'il faisait, à la même époque, les années précédentes. Pour y remédier, notez ci-dessous, au jour le jour, le temps (température, pluie, soleil, orages, etc.) qu'il a fait durant ce mois. Non seulement vous aurez un repère pour les prochaines années, mais vous pourrez juger de la justesse ou de la véracité de certains dictons.

Année : 20..

1 :..

2 :..

3 :..

4 :..

5 :..

6 :..

7 :..

8 :..

9 :..

Année : 20..

1 :..

2 :..

3 :..

4 :..

5 :..

6 :..

7 :..

8 :..

9 :..

Année : 20..

10 :...

11 :...

12 :...

13 :...

14 :...

15 :...

16 :...

17 :...

18 :...

19 :...

20 :...

21 :...

Année : 20..

10 :...

11 :...

12 :...

13 :...

14 :...

15 :...

16 :...

17 :...

18 :...

19 :...

20 :...

21 :...

Année : 20..

22 : ....

23 : ....

24 : ....

25 : ....

26 : ....

27 :..

28 : ....

29 : ....

30 : ....

31 : ....

Année : 20..

22 : ....

23 : ....

24 : ....

25 : ....

26 : ....

27 :..

28 : ....

29 : ....

30 : ....

31 : ....

Remarques générales : ....

....

....

....

Mois de Septembre*

Les gros travaux de la fenaison, de la moisson et du battage terminés, les paysans ne se reposaient pas pour autant. Dans beaucoup de régions, nombreux étaient ceux qui cultivaient (ne serait-ce que pour leur consommation personnelle) la vigne, et en septembre commençaient les vendanges. Celles-ci, suivant les climats et les cépages, se prolongeaient jusqu'en octobre. Si le début du mois de septembre (« vendémiaire », dans le calendrier républicain) était humide, les vendanges s'annonçaient bonnes, car, comme disait le dicton : Pluie du jour de Saint-Grégoire, autant de vin de plus à boire. *Un autre dicton le certifiait :* Septembre humide, pas de tonneaux vides.

Cependant, en dehors des vendanges, il fallait aussi amender les terres cultivables comme le prévoyait, entre autres tâches, compilées ci-dessous, le précieux guide qu'était l'almanach de l'agriculteur.

Agriculture : Transporter le fumier dans les champs. Semer seigle, orge, avoine d'hiver, vesce[8] et pois gris d'hiver. Enfouir les engrais verts. Ensiler les maïs fourrage. Faire pâturer l'herbe des prairies.

Viticulture : Biner les pépinières. Effeuiller légèrement pour hâter la maturité du raisin dans les climats un peu froids. Vendanger.

Au cellier : Rentrer la vendange. Veiller à la fermentation régulière et complète.

Arboriculture et horticulture : Labourer les planches vides. Butter les céleris. Semer laitues d'hiver, navets, choux et mâche. Planter les fraisiers à gros fruits. Continuer le greffage des arbres fruitiers. À la fin du mois, procéder à la taille définitive des arbres à fruits à noyaux.

Apiculture : Visiter les provisions des ruches, en donner à celles qui en manquent. Chaque ruche doit avoir au moins 15 kg. Provoquer de nouvelles pontes chez les ruches faibles. Donner des reines aux ruches orphelines.

Bétail : Alimenter progressivement avec du fourrage sec associé aux racines hachées. Faire pâturer vieux sainfoins et trèfles de l'année.

8- Genre de plantes auquel appartient la fève.

dictons

Chaleur de septembre :

**Forte chaleur en septembre,
À pluie d'octobre il faut
s'attendre.**

Pluie de septembre :

**Pluie de septembre,
Travaille à la vigne et à
semailles.**

**Pluie de septembre
Est bonne à vigne et à
semailles.**

**Septembre emporte les ponts,
Ou tarit les fonts.**

Par « fonts », entendez « fontaines ».

**Pluie de septembre,
Pluie de novembre,
Seront gelées en décembre.**

**Septembre humide,
Pas de tonneaux vides.**

**Mois de septembre pluvieux,
An fructueux.**

Car la pluie arrosait les semailles.

Brouillard de septembre :

**Pendant la brume de
septembre,
Ne cheminez pas.**

Tonnerre de septembre :

**Orages de septembre,
Neiges de décembre.**

**En septembre, si trois jours il
tonne,
C'est un nouveau bail pour
l'automne.**

**Qu'en septembre il tonne,
La vendange est bonne.**

Quand il tonne, cela signifie que le temps est chaud et donc favorable pour le mûrissement du raisin.

*Plantes et cultures en
septembre :*

**Septembre nous produit
Les plus délectables des fruits.**

**Le sept septembre sème ton blé,
Car ce jour vaut du fumier.**

Vigne et vin en septembre :

**Vins de septembre
Font les femmes s'étendre.**

Je ne me hasarderai à aucun commentaire !

Lorsque beaucoup d'étoiles filent en septembre,
Les tonneaux sont trop petits en novembre.

En septembre,
Le raisin ou la figue pendent.

Pour vendanger il faut attendre
Au moins la fin septembre.

Tout dépend des régions et de la maturité du raisin.

Animaux en septembre :

Du premier au huit,
L'hirondelle fuit.

L'hirondelle en septembre abandonne
Le nid refroidi de l'automne.

Le coq en septembre chantant la matinée
Annonce une abondante rosée.

Santé en septembre :

En septembre, si tu es prudent,
Achète grains et vêtements.

Dictons généraux de septembre :

****

Septembre se nomme
Le mai de l'automne.

En septembre,
Les feignants peuvent s'en aller pendre.

Dans les régions non vinicoles, les gros travaux agricoles étaient terminés, et la main d'œuvre moins demandée. Les ouvriers agricoles fainéants ne risquaient donc pas de trouver du travail.

Septembre se montre souvent
Comme un second et court printemps.

Septembre en sa tournure
De mars suivant fait la figure.

et saints ?
les ?

À quel saint se vouer en septembre ?

****

1er septembre :

À la Saint-Loup,
La lampe au clou.

En septembre, les jours diminuant, il fallait allumer plus tôt la lampe à pétrole, que, dans l'étable, on accrochait à un clou. À noter que ce saint Loup – il y en a cinq en tout – fut évêque de Sens, dans l'Yonne, au VIIe siècle. Il est encore très populaire en Bourgogne, où de nombreuses églises lui sont consacrées. C'est notamment le cas à Asnois, charmant petit village de la Nièvre, idéalement « coincé » entre la rivière Yonne et le canal du Nivernais. La fête de Saint-Loup y est encore un événement incontournable. En visitant l'église Saint-Loup d'Asnois, personne n'imaginerait qu'à ses pieds, dans le cimetière, repose un illustre inconnu qui, certainement, fit plus de miracles que le saint en question. Il s'appelait Paul-Jean Rigollot (1810-1873). Médecin de son état, il eut le mérite d'inventer le sinapisme – autrement dit, le cataplasme – à base de farine de moutarde. Cela brûlait, je m'en souviens, mais cela soignait les bronchites, les fluxions et tous les maux de poitrine. Merci à lui !

S'il fait beau à la Saint-Gilles,
Cela durera jusqu'à la Saint-Michel.

La Saint-Michel était fêtée le 29 septembre.

3 septembre :

À la Saint-Mansuy,
Les veillées au pays.

Les jours étant de plus en plus courts, on recommençait à se réunir entre voisins après la soupe du soir. À noter que ce vieux prénom, rare mais encore usité au début du XXe siècle, notamment en 1904, n'est pas répertorié parmi les 40 000 saints « officiels » de l'Église catholique. C'était par contre, au XVIe siècle, celui d'un célèbre artiste lorrain, Mansuy Gauvin, sculpteur du duc de Lorraine, René II. Avis aux amateurs de prénoms originaux !

Pluie du jour de Saint-Grégoire,
Autant de vin de plus à boire.

On répertorie plus de vingt saints prénommés Grégoire. Celui-ci est Grégoire le Grand, qui fut pape.
Les dernières pluies avant les vendanges, qui commençaient quelques jours plus tard, gorgeaient les grains de raisin.

6 septembre :

À la Saint-Onésiphore,
La sève s'endort.

Contrairement à Mansuy, voir le 3 septembre, Onésiphore était bel et bien un saint reconnu, un saint martyr du premier siècle, dont parle l'apôtre Paul dans sa *Deuxième lettre à Thimothée*. Onésiphore n'en fut pas pour autant un prénom usité, contrairement à Nicéphore, prénom que portait l'inventeur de la photographie, Nicéphore Niepce [1765-1833].

7 septembre :

À la Sainte-Reine,
Sème tes graines.

Début septembre, les almanachs agricoles conseillaient de semer, en plein champ, seigle, avoine d'hiver et orge et au potager, navets, choux ou mâche.

8 septembre :

Pour la Saint-Adrien, le froid nous dit :
Je suis ici.

La Nativité de la Vierge
Fait fuir les hirondelles.

Après la Nativité,
Le regain ne peut plus sécher.

Le regain était l'herbe qui repoussait après une première fauchaison.

À la Bonne-Dame de septembre,
Tout fruit est bon à prendre.

Le temps de la Nativité
Dure tout un mois sans variété.

Il s'agit ici de la fête de la Nativité de la Vierge, appelée aussi Bonne-Dame.

10 septembre :

À la Sainte-Inès,
Travaille sans cesse.

C'était la période des semailles d'hiver.

11 septembre :

Tu peux semer sans crainte,
Quand arrive la Saint-Hyacinthe.

12 septembre :

À la Saint-Leu,
L'ail à la terre.

14 septembre :

À la Sainte-Croix,
Cueille tes pommes et gaule tes noix.

15 septembre :

Un beau Saint-Valérien
Amène abondance de biens.

17 septembre :

Saint-Lambert pluvieux,
Neuf jours dangereux.

En parlant des ouvriers agricoles.

Le jour de la Saint-Lambert,
Qui quitte sa place la perd.

C'est-à-dire 9 jours.

La pluie du jour de Saint-Lambert,
Il y en a pour un novénaire.

18 septembre :

Froid de Sainte-Nadège
Annonce pour bientôt neige.

19 septembre :

Qui sème à la Saint-Janvier
De l'an récolte le premier.

À la Saint-Janvier,
Les chrysanthèmes repoussent du pied.

20 septembre :

Gelée blanche de Saint-Eustache
Grossit le raisin qui tache.

Pour Saint-Agapit,
Si tu ne veux pas suer, enlève tes habits.

21 septembre :

Quand vient Saint-Mathieu,
L'été adieu.

À la Saint-Mathieu, les jours
Sont égaux aux nuits dans leur cours.

Quand il pleut à la Saint-Mathieu,
Fais coucher tes vaches et tes bœufs.

Si saint Mathieu pleure au lieu de rire,
Le vin en vinaigre vire.

Ce dicton signifie que s'il pleut trop fin septembre, le vin ne sera pas de qualité.

22 septembre :

Semis de la Saint-Maurice,
Récolte à ton caprice.
ou
Sème des pois à Saint-Maurice,
Tu en auras à ton caprice.

23 septembre :

À Saint-Lin,
Récolte ton lin.

À la Saint-Lin,
Fait rouir ton lin.

Rouir : faire tremper dans l'eau afin que les fibres textiles se séparent de la partie ligneuse.

24 septembre :

À la Saint-Gérard, les noix
Sont mûres pour toi et pour moi.

Il s'agit ici de saint Gérard de Csanad.

25 septembre :

À la Saint-Firmin,
Les blés battent au vent.

26 septembre :

Servez Côme et Damien,
Vous vous porterez toujours bien.

29 septembre :

Quand les hirondelles voient la Saint-Michel,
L'hiver ne vient qu'à Noël.

Quand le vent est au nord le jour de la Saint-Michel,
Le mois d'octobre est au sec.

Bise à la Saint-Michel,
Octobre sec.

Pluie de Saint-Michel sans orage
D'un hiver doux est le présage.

Toutes les pluies perdues,
À Saint-Michel rendues.

De Saint-Michel à la Toussaint,
Laboure grand train.

Pour les paysans, le jour de la Saint-Michel, qui marquait l'équinoxe d'automne, était aussi celui du départ des fermages, du paiement des loyers et des louées d'ouvriers agricoles.

30 septembre :

À la Saint-Jérôme,
Hoche tes pommes.

La Saint-Jérôme venue,
Sors ta charrue.

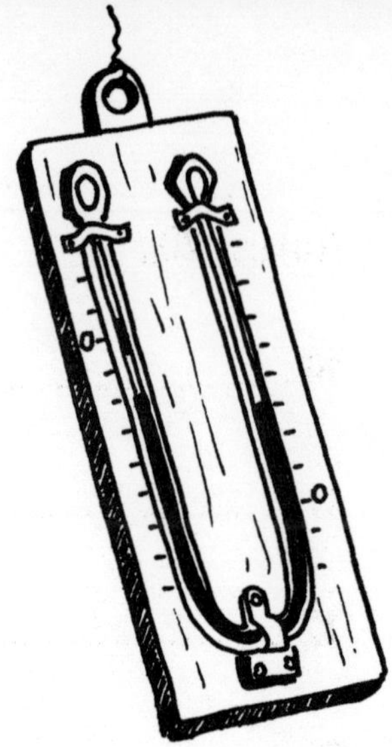

Météoscope du mois de septembre

****

On oublie souvent le temps qu'il faisait, à la même époque, les années précédentes. Pour y remédier, notez ci-dessous, au jour le jour, le temps (température, pluie, soleil, orages, etc.) qu'il a fait durant ce mois. Non seulement vous aurez un repère pour les prochaines années, mais vous pourrez juger de la justesse ou de la véracité de certains dictons.

Année : 20..	Année : 20..
1 :..	1 :..
2 :..	2 :..
3 :..	3 :..
4 :..	4 :..
5 :..	5 :..
6 :..	6 :..
7 :..	7 :..
8 :..	8 :..
9 :..	9 :..

Année : 20..

10 :..

11 :..

12 :..

13 :..

14 :..

15 :..

16 :..

17 :..

18 :..

19 :..

20 :..

21 :..

Année : 20..

10 :..

11 :..

12 :..

13 :..

14 :..

15 :..

16 :..

17 :..

18 :..

19 :..

20 :..

21 :..

Que disait grand-mère... en septembre ? **** p. 127

Année : 20..	Année : 20..
22 :	22 : ....
23 :	23 : ....
24 :	24 : ....
25 :	25 : ....
26 :	26 : ....
27 :	27 : ....
28 :	28 : ....
29 :	29 : ....
30 :	30 : ....
31 :	31 : ....

Remarques générales : ....

....

....

....

Mois d'Octobre*

Au début du mois d'octobre, tout bon paysan avait, à la lettre, suivi les dictons de ses ancêtres, prévus pour la Saint-Jérôme, fêtée le 30 septembre. Pas besoin de l'almanach pour cela, sa femme les connaissait par cœur. Le premier était : À la Saint-Jérôme, hoche tes pommes. *En Bretagne et en Normandie, pays de cidre, c'était un travail fastidieux auquel participaient, heureusement, femmes et enfants.*

Mais cela n'était rien par rapport aux travaux des champs, toujours renouvelés. L'autre dicton du 30 septembre conseillait : La Saint-Jérôme venue, sors ta charrue. *Eh oui ! Il fallait à nouveau labourer, avec son cheval ou son bœuf, pour préparer les semailles. C'était si épuisant que, souvent, la fermière devait rappeler à son mari ce que, en plus des labours, ils avaient à faire, car, dans le couple, la femme ne travaillait pas le moins. À faire obligatoirement ! D'ailleurs, c'était écrit noir sur blanc dans l'almanach, c'est dire !*

Mais, voyons un peu :

Agriculture : Continuer les labours, les semailles de blé, seigle, orge, avoine, vesces et pois gris jarosse. Transporter chaux, marne et amendements. Rentrer les pommes de terre. Nettoyer les fossés et répandre le curage sur les terres.

Viticulture : Pratiquer l'ébouillantage des souches après une taille provisoire pour détruire la cochylis et l'eudémis. Préparer des pièges à altises.

Au cellier : Surveiller la fermentation ; décuver. Transporter les marcs à la distillerie. Ne pas boucher hermétiquement les bondes des fûts contenant le vin nouveau. Ouiller autant de fois que nécessaire pour maintenir les fûts constamment pleins. Aérer les caves.

Arboriculture et horticulture : Continuer les labours. Supprimer les tiges des asperges. Planter les choux, les laitues d'hiver, les poireaux. Semer les fèves et les pois. Surveiller les fruitiers. À la fin du mois, planter les arbres fruitiers dans les terrains secs.

Apiculture : Resserrer les colonies autant que possible, nettoyer les ruches. Mettre les grilles d'hiver.

Bétail : Engraisser les porcs et les bœufs. Faire pâturer après disparition de la rosée. Alimentation des mois précédents.

dictons

Pluie d'octobre :

Beaucoup de pluie en octobre,
Beaucoup de vent en décembre.

Octobre en bruine,
Hiver en ruine.

Soleil d'octobre :

Octobre ensoleillé,
Décembre emmitouflé.

Chaleur d'octobre :

Si octobre est trop chaud,
En février, la glace est au carreau.

Si octobre est chaud,
Février sera froid.

Froid d'octobre :

Octobre glacé
Fait vermine trépasser.

Octobre en gelées,
Chenilles trépassées.

Gelée d'octobre
Rend le vigneron sobre.

Le gel des raisins réduisait la récolte.

Vent d'octobre :

Si octobre s'emplit de vent,
Du froid, tu pâtiras longtemps.

Brouillard d'octobre :

Brouillards d'octobre, pluie de novembre,
Beaucoup de biens du ciel font descendre.

ou

Brouillards d'octobre et pluvieux novembre
Font bon décembre.

Tonnerre d'octobre :

Tonnerre en octobre,
Vendanges peu sobres.

En octobre, tonnerre,
Vendanges prospères.

Plantes et cultures en octobre :

En octobre, qui ne fume rien
Ne récolte rien.

C'est en cette période qu'il fallait amender les terres à l'aide de purin et de fumier, en prévision des labours et des semailles d'hiver.

Vigne et vin en octobre :

Quand octobre prend fin,
Dans la cuve est le raisin.

Animaux en octobre :

Octobre au coin du feu
Fait venir le leu.

Par « leu », entendez « loup ».

Santé en octobre :

Pour te bien porter en octobre,
De tout excès d'alcool sois sobre.

Tisane d'octobre
Tous les maux chasse.

Octobre en brumes,
Mois à rhumes.

En octobre, qui n'a pas son manteau,
Doit en trouver un bientôt.

Dictons généraux d'octobre :

****

Octobre est bon
S'il est de saison.

et les saints ???

À quel saint se vouer en octobre ?

****

Ma belle-mère, Yvonne, spécialiste des dictons, ne m'a jamais asséné celui-là. Pourtant, elle priait saint Léger, seulement de temps en temps, avouons-le, en se rendant en son église, la collégiale de Tannay, dans la Nièvre, où sont conservées les reliques de cet évêque d'Autun, martyrisé en 678 ou 679, on ne sait exactement. Mais, le plus important dans cette histoire est que *La Complainte de saint Léger*, écrite en l'an 970, fut l'un des tout premiers textes littéraires de la langue romane, langue qui commençait alors à se populariser.

2 octobre :

À la Saint-Léger,
Faut se purger.

Ne sème point au jour de Saint-Léger,
Si tu ne veux blé trop léger.

Sème au jour de Saint-François,
Il te rendra grain de bon poids.

Mais n'attends pas la Saint-Bruno,
Ton blé serait tout noiraud.

3 octobre :

À la Saint-Gérard,
Du vin fait bon marc.

4 octobre :

À la Saint-François d'Assise,
Si tu bâtis, sois prudent pour tes assises.

À Saint-François
Vient le premier froid.

À la Saint-François, on sème,
Si l'on veut, et plus tôt même.

5 octobre :

À la Saint-Placide,
Le verger est vide.

Quand arrive la Sainte-Fleur,
Pour aller au verger, ce n'est plus l'heure.

6 octobre :

Il s'agit de saint Bruno de Cologne.

Quand on sème à la Saint-Bruno,
La rouille s'y mettra bientôt.

À la Saint-Thomas,
Les jours sont au plus bas.

7 octobre :

À Saint-Serge,
Achetez vos habits de serge.

À la Saint-Serge,
La charrue en terre
Pour niveler les taupinières.

9 octobre :

S'il pleut à la Saint-Denis,
La rivière sort neuf fois de son lit.

Ce Denis-là avait été évêque de Paris au IIIe siècle.

Beau temps à la Saint-Denis,
Hiver pourri.
ou
Beau temps à la Saint-Denis,
L'hiver sera bientôt fini.

10 octobre :

Temps sec à la Saint-Ghislain
Nous annonce un hiver d'eau plein.

11 octobre :

À la Saint-Firmin,
L'hiver est en chemin.

12 octobre :

Saint-Wilfrid ensoleillé,
Deux jours plus tard emmitouflé.

Il s'agit de Wilfrid, archevêque d'York, mort en 709.

13 octobre :

L'été de la Saint-Géraud
Ne dure que trois jours.

Pour Saint-Géraud,
Les châtaignes font le chaud.

Mi-octobre, on ramassait châtaignes et marrons, que l'on mangeait grillés ou cuits mais dont on faisait également de la farine. À noter que saint Géraud, mort en 909, avait fondé l'abbaye d'Aurillac en Auvergne. Au début du XXe siècle, ce prénom, ma foi seyant, était relativement commun dans toute la région.

15 octobre :

Souvent, Sainte-Thérèse
Nous apporte un petit été.

Cette Thérèse-là était d'Avila.

16 octobre :

Quand de Saint-Gall arrive l'heure,
La vache à l'étable demeure.

Coupe ton chou à la Saint-Gall,
En hiver, c'est un vrai régal.

C'est mauvais signe pour le vin,
Quand Saint-Gall coupe le raisin.

À l'époque, il était souvent tard pour vendanger.

ou

Le vin de Saint-Gall
N'est jamais un régal.

18 octobre :

À la Saint-Luc, la pluie du vallon
Fait de la neige sur le mont.

À la Saint-Luc, ne sème plus,
Ou sème dru.

Il s'agit de René Goupil, martyrisé en 1642 par les indiens Hurons au Canada.

19 octobre :

À la Saint-René,
Couvre ton nez !

21 octobre :

À la Sainte-Ursule,
Le froid recule.

À la Sainte-Ursule,
Le temps, parfois, est un petit printemps.

22 octobre :

À la Saint-Vallier,
Faut qu'il y ait du bois au bûcher.

À la Saint-Vallier,
La charrue sous le poirier ;
La Toussaint venue,
Quitte la charrue.

Les labours duraient jusqu'au 1er novembre.

23 octobre :

À la Saint-Hyacinthe,
On peut semer sans crainte.

À la Saint-Séverin,
Chauffe tes reins.

24 octobre :

Souvent, à la Saint-Florentin,
L'hiver laisse le chemin.

À la Saint-Renobert,
Mets les choux par terre.

On pouvait commencer à couper les choux.

25 octobre :

À la Saint-Crépin,
Les mouches voient leur fin.

26 octobre :

À Saint-Évariste,
Jour de pluie, jour triste.

À la Saint-Amand
Sont mûrs les glands.

27 octobre :

À la Sainte-Antoinette,
La neige s'apprête.

À la Sainte-Émeline,
Journée de bruine.

28 octobre :

Les deux apôtres, Jude et Simon le Cananéen étaient fêtés le même jour. Quant à sainte Cécile, patronne des musiciens, le jour de sa fête était le 27 novembre.

Quand Simon et Jude n'apportent pas la pluie,
Elle n'arrive qu'à la Sainte-Cécile.

À la Saint-Simon,
Les raves jusqu'au timon.

Le terme « rave » désignait, dans son ensemble, plusieurs plantes potagères cultivées pour leurs racines comestibles : rave, rabiole, céleri-rave, chou-rave, betterave, rutabaga, navet, etc. Certaines étaient consommées par l'homme, d'autres par les animaux, comme fourrage.

À la Sainte-Simone,
Il faut avoir rentré ses pommes.

À la Saint-Rémi,
La grande chaleur est finie.

À la Saint-Rémi,
Perdreau vaut perdrix.

31 octobre :

À la Saint-Quentin,
La chaleur a sa fin.

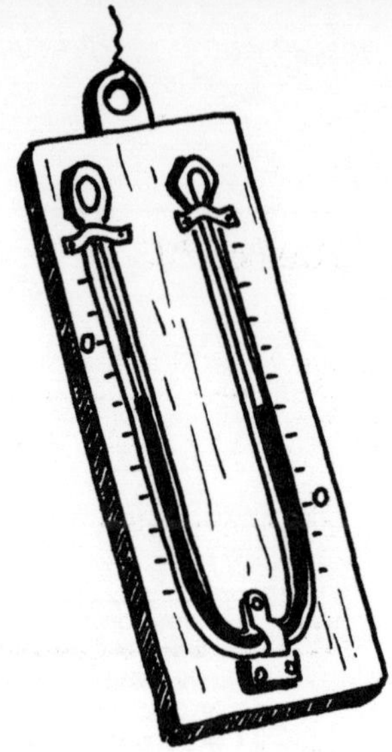

Météoscope du mois de octobre

****

On oublie souvent le temps qu'il faisait, à la même époque, les années précédentes. Pour y remédier, notez ci-dessous, au jour le jour, le temps (température, pluie, soleil, orages, etc.) qu'il a fait durant ce mois. Non seulement vous aurez un repère pour les prochaines années, mais vous pourrez juger de la justesse ou de la véracité de certains dictons.

Année : 20..	Année : 20..
1 :..	1 :..
2 :..	2 :..
3 :..	3 :..
4 :..	4 :..
5 :..	5 :..
6 :..	6 :..
7 :..	7 :..
8 :..	8 :..
9 :..	9 :..

Année : 20..

10 :...

11 :...

12 :...

13 :...

14 :...

15 :...

16 :...

17 :...

18 :...

19 :...

20 :...

21 :...

Année : 20..

10 :...

11 :...

12 :...

13 :...

14 :...

15 :...

16 :...

17 :...

18 :...

19 :...

20 :...

21 :...

Année : 20..	Année : 20..
22 :	22 : ....
23 :	23 : ....
24 :	24 : ....
25 :	25 : ....
26 :	26 : ....
27 :	27 : ....
28 :	28 : ....
29 :	29 : ....
30 :	30 : ....
31 :	31 : ....

Remarques générales : ....

....

....

....

Mois de novembre

Il s'agit de frimaire dans le calendrier républicain.

Pour nos grands-parents et arrière-grands-parents, le mois de novembre était souvent aussi triste qu'un jour sans pain. *Triste parce qu'il commençait avec le jour des morts, triste aussi parce que, en plus du brouillard, le froid s'installait rapidement, dès le 4 d'ailleurs, si l'on en croit le dicton :* À la Saint-Charles, la gelée parle. *Pourtant, il y avait encore du travail dans les fermes. Il fallait, entre autres, continuer les labours d'hiver et les intempéries ne facilitaient pas les choses. Les tâches à effectuer ne s'arrêtaient pas là, si l'on se réfère à la bible du paysan, l'almanach agricole :*

Agriculture : Continuer les labours d'hiver et défoncer. Transporter et épandre le fumier et les amendements. Terminer les semailles. Soigner les fumiers, qui deviennent abondants. Semer les féveroles. Continuer le curage des fosses. Réparer les chemins. Épandre les engrais dans les prairies qui ne sont pas pacagées. Procéder aux travaux d'assainissement.

Viticulture : Commencer la taille dans les vignes peu sujettes aux gelées de printemps. Traiter la chlorose par badigeonnage des plaies de taille et de la souche au sulfate de fer. Nettoyer et entretenir les appareils de traitements.

Au cellier : Soutirer et ouiller. Coller (clarifier en filtrant) et mettre en bouteille les vins vieux.

Arboriculture et horticulture : Labourer et semer les carrés libres. Éclaircir les épinards. Continuer les semis de pois et terminer les semis de laitues et de fèves. Faire les traitements cupriques contre la cloque et le coryneum aux arbres à fruits à noyaux.

Apiculture : Laisser les abeilles tranquilles. L'apiculteur profitera de ce repos pour faire son inventaire et construire, s'il y a lieu, de nouvelles ruches.

Bétail : Diminuer la ration des bêtes de travail. Engraisser porcs et bœufs.

Que disait grand-mère... en novembre ? **** p. 141

dictons

Pluie de novembre :

**Quand en novembre la pluie noie la terre,
Ce sera du bien pour tout l'hiver.**

Froid de novembre :

**Quand il gèle en novembre,
Adieu l'herbe tendre.**

Neige de novembre :

**En novembre, si la première neige ne prend pas,
De l'hiver elle ne prendra.**

Brouillard de novembre :

**Brouillard en novembre,
L'hiver sera tendre.**

Vent de novembre :

**À la mi-novembre passée,
Il peut venter et neiger à souhait.**

Tonnerre de novembre :

**Si novembre tonne,
L'année suivante sera bonne.**

**Quand en novembre il a tonné,
L'hiver est avorté.**

**Quand il tonne entre la Toussaint et Noël,
L'hiver est en retard.**

Amour en novembre :

**Amour de gendre,
Soleil de décembre.**

Ce dicton ambigu signifiait que les parents étaient ravis que leur gendre ait attendu la fin des moissons et des vendanges pour convoler. En décembre, on avait plus de temps pour faire la noce.

Animaux en novembre :

Quand en novembre tu entends la grive chanter,
Rentre à la maison pour t'abriter,
Et du bois pour te chauffer.

Santé en novembre :

Novembre est le mois des morts,
Si tu ne veux pas mourir encore,
Habille-toi plus fort.

Le mois de novembre est malsain,
Il fait tousser dès la Toussaint.

En novembre, fou engendre,
En août gît sa femme.

Début novembre en gelée
Casse les reins à l'hiver commencé.

Dictons généraux de novembre :

****

Quelque temps qu'il fasse en novembre,
Commence le feu dans la chambre.

Novembre, par tous les temps,
Le bois dans la cheminée est flambant.

Novembre,
Toussaint le commande,
Saint-André le voit descendre.

Le cinq tu sauras
Quel mois tu auras.

et les saints ??????

À quel saint se vouer en novembre ?

****

1er novembre :

À la Saint-Mathurin,
Des fruits rouges, c'est la fin.

3 novembre :

À la Saint-Hubert,
Les oies sauvages fuient l'hiver.

Il suffit de lever le nez au ciel pour constater leur migration.

4 novembre :

À Saint-Charles,
La gelée parle.

5 novembre :

S'il neige à la Sainte-Sylvie,
Le laboureur rit.

Il rit parce que la neige, chargée d'azote, va très tôt amender ses terres, tout en faisant périr les vers nuisibles.

6 novembre :

À la Saint-Léonard,
Toute vermine part.

Neige, froid et gel avaient plus d'impact sur la vermine, c'est-à-dire les vers nuisibles, que les pesticides. De nombreux dictons, cités ici, le confirment, comme celui-ci ou le précédent.

7 novembre :

À la Saint-Ernest,
Abats les pommes qui te restent.

8 novembre :

Temps couvert à la Saint-Geoffroy,
Amène trois jours de froid.

La cueillette, à la main, bien entendu, des olives, appelée « olivade », se faisait généralement après la véraison, période où les fruits se colorent de jaune-vert, de brun puis de noir. Cela se passait entre la Saint-Montan et la Sainte-Catherine, le 25 novembre, voire jusqu'à la Saint-André, le 30 novembre. La fin des olivades était traditionnellement marquée par une fête au cours de laquelle on se régalait autour d'un gigantesque aïoli confectionné avec l'huile nouvelle. À noter que saint Montan a donné son nom à un charmant village ardéchois, répertorié parmi les plus beaux de France, où perdure la culture ancestrale des olives. On y récolte des variétés qui répondent aux appellations imagées de rougette, négrette, picholine ou encore blanche de Payzac.

9 novembre :

Pour la Saint-Montan,
L'olive à la main.

10 novembre :

À la Saint-Léon,
Mets tes artichauts en monts.

C'est-à-dire récolte tes artichauts.

11 novembre :

À la Saint-Martin,
L'hiver est en chemin,
Manchons aux bras et gants aux mains.

Si l'hiver va droit son chemin,
Vous l'aurez à la Saint-Martin,
Et s'il se trouve quelque peu encombré,
Vous l'aurez à la Saint-André.

La Saint-André est fêtée le 30 novembre.

L'été de la Saint-Martin
Dure trois jours et un brin.
ou
L'été de la Saint-Martin
Dure trois jours au moins.

Si le brouillard entoure Saint-Martin,
L'hiver passe tout bénin.

Pour la Saint-Martin,
il faut goûter le vin.

Pour la Saint-Martin,
Âne qui ne boit de vin,
Âne deux fois,
Qui trop en boit.

Saint-Martin boit le bon vin,
Et laisse l'eau courre au moulin.

À la Saint-Martin,
Tire ton vin.

Entendre « soutire ton vin », qui, alors, avait fini de fermenter.

À la Saint-Martin, bonde ta barrique,
Et, vigneron, fume ta pipe,
Mets l'oie au toupin,
Et convie ton voisin.

Le vin nouveau ayant fini de fermenter, on pouvait donc bonder les tonneaux. Quant au toupin, c'était une sorte de marmite à cuire, en terre, que l'on posait sur un trépied, dans la cheminée.
Au début du XXe siècle, le 11 novembre était jour de liesse. **On fêtait saint Martin de Tours et, avec lui, la fin des gros travaux annuels des champs et des vignes**. On se préparait aux frimas de l'hiver, même si l'« été » de la Saint-Martin laissait quelque répit, comme le voulait le dicton. Ce jour-là, on payait les fermages, et ouvriers agricoles et vendangeurs touchaient leurs journées. C'était l'occasion pour les paysans et les journaliers de toper pour un nouveau pacte. Cela se faisait autour de force chopines de vin nouveau.
Cette fête religieuse était également, comme la Saint-Jean, un jour de « louée ». À l'occasion de la dernière grande foire de l'année, chaque ouvrier agricole, vacher, valet ou servante proposait librement ses services au plus offrant, paysans, fermiers ou métayers, qui manquaient de bras pour la saison à venir. On appelait cela l'accueillage.
C'était également l'occasion de partager ensemble – aujourd'hui, on dirait « de manière conviviale » – un vrai repas qui changeait du pain quotidien, qu'il soit trempé (c'était la soupe) ou aillé. Le fricot traditionnel de cette journée mémorable était, dans toute la France et… dans toute l'Europe du Nord, notamment la Suède, la fameuse « oie de la Saint-Martin[1] ». Logique ! Il n'y avait plus beaucoup de lard ou de viande dans le saloir, puisque l'on tuait le cochon aux alentours de ce même 11 novembre. C'était la « Saint-Cochon », une fête païenne, à laquelle sont toujours attachés les Bourguignons, Morvandiaux et autres Nivernais de Lormes ou de Tannay.

13 novembre :

À la Saint-Brice, le temps
Sera celui du jour de l'an.
ou
Tel jour Saint-Brice,
Tel jour Noël,
Tel premier janvier.

1. Selon la légende, Martin de Tours s'était caché dans l'appentis d'une ferme pour ne pas être nommé évêque. Las ! Le cri des oies qui s'y trouvaient le trahirent. Rôties le jour de sa fête, elles se retrouvèrent ainsi punies !

Si le jour de la Saint-Amand
Il fait bise et grand vent,
Ça fait du tort au froment.

15 novembre : ....

Saint-Léopold voit
Les premières neiges du mois.

Il y a une dizaine de saints prénommés Albert ; celui-ci est Albert le Grand, le saint patron des scientifiques.

À la Saint-Albert,
Reste bien couvert.

17 novembre : ....

À la Sainte-Élisabeth,
Tout ce qui porte fourrure n'est point bête.

Sainte-Élisabeth nous montre
Quel bonhomme l'hiver sera.

18 novembre : ....

Journée de Sainte-Aude
Ordinairement n'est pas chaude.

....

19 novembre :

À la Saint-Tanguy,
Le temps est toujours gris.

À la Saint-Tanguy,
Jamais vent ne languit.

20 novembre :

Saint-Félix et la Présentation
Amènent le froid pour de bon.

La Présentation de la Vierge Marie au Temple était fêtée le 21 novembre.

À la Saint-Edmond,
Le temps n'est pas bon.

22 novembre :

Pour Sainte-Cécile,
Chaque fève en fait mille.

Planté à la Sainte-Cécile,
Chaque pois va en donner mille.

23 novembre :

Quand l'hiver vient doucement,
Il est là à la Saint-Clément.

Après la Saint-Clément,
Ne sème plus de froment.

Saint-Clément
Montre rarement visage avenant.

Saint-Clément montrera
Comment l'hiver se passera.

24 novembre :

À Sainte-Flora,
Plus rien ne fleurira.

25 novembre :

Quand Sainte-Catherine fait la moue,
Il faut patauger longtemps dans la boue.

Nos grands-parents avaient certainement raison, puisque tous les pépiniéristes ont repris ce dicton, devenu célèbre, à leur compte !

À la Sainte-Catherine,
L'hiver s'achemine,
S'il fait froid,
Hiver tout droit.

À la Sainte-Catherine,
Tout bois prend racine.

Pour la Sainte-Catherine,
Le porc couine.

Dans les campagnes, on tuait traditionnellement le cochon entre la Saint-Martin, le 11 novembre, et la Sainte-Catherine. Cependant, le « sacrifice » pouvait se dérouler jusqu'à la mi-décembre.

À la Sainte-Catherine,
L'huile est dans le fruit.

Le fruit en question est l'olive.

26 novembre :

À Sainte-Delphine,
Mets ton manteau à pèlerine.

27 novembre :

À la Saint-Séverin,
La neige est en chemin.

À Saint-Séverin,
Chauffe tes reins.

28 novembre :

À Saint-Sosthène,
Il y a des chrysanthèmes.

À Saint-Sosthène,
Les poules, sur le chemin, ne trouvent plus de graines.

29 novembre :

Êtes-vous encore à filer,
Quand demain c'est la Saint-André ?

30 novembre :

Neige de Saint-André
Peut cent jours durer.
ou
La neige de Saint-André
Menace cent jours de durer.

À la Saint-André,
La perche sous l'olivier.

La cueillette à la main des olives, l'olivade, voir le 9 de ce mois, avait ses règles. Chaque arbre était entouré d'un filet. Dans un premier temps, les femmes cueillaient les fruits des branches les plus basses et les déposaient dans un panier spécial, le banasto. Pour atteindre les branches plus hautes, elles montaient sur un escabeau appelé « cavalet ». Les hommes, montés sur une échelle, étaient chargés, eux, de faire tomber les olives des branches les plus hautes à l'aide d'une perche... d'où ce dicton.

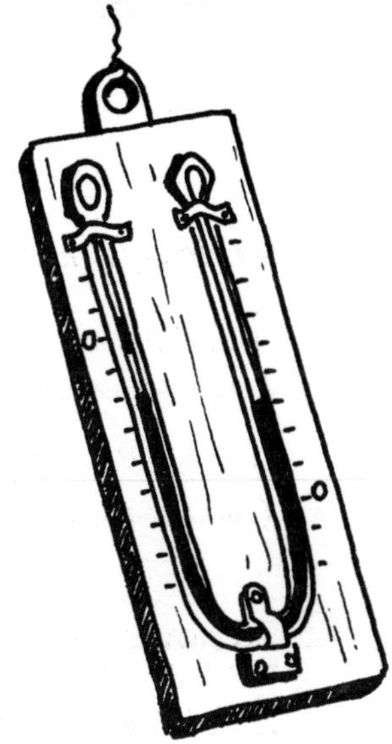

Météoscope du mois de novembre

****

On oublie souvent le temps qu'il faisait, à la même époque, les années précédentes. Pour y remédier, notez ci-dessous, au jour le jour, le temps (température, pluie, soleil, orages, etc.) qu'il a fait durant ce mois. Non seulement vous aurez un repère pour les prochaines années, mais vous pourrez juger de la justesse ou de la véracité de certains dictons.

Année : 20..

1 :...

2 :...

3 :...

4 :...

5 :...

6 :...

7 :...

8 :...

9 :...

Année : 20..

1 :...

2 :...

3 :...

4 :...

5 :...

6 :...

7 :...

8 :...

9 :...

Que disait grand-mère... en novembre ? **** p. 151

Année : 20..	Année : 20..
10 :	10 : ....
11 :	11 : ....
12 :	12 : ....
13 :	13 : ....
14 :	14 : ....
15 :	15 : ....
16 :	16 : ....
17 :	17 : ....
18 :	18 : ....
19 :	19 : ....
20 :	20 : ....
21 :	21 : ....

Année : 20..

22 : ....

23 : ....

24 : ....

25 : ....

26 : ....

27 :...

28 : ....

29 : ....

30 : ....

31 : ....

Année : 20..

22 : ....

23 : ....

24 : ....

25 : ....

26 : ....

27 :...

28 : ....

29 : ....

30 : ....

31 : ....

Remarques générales : ....

....

....

....

Mois de décembre*

Il s'agit de nivôse dans le calendrier républicain

N'allez surtout pas croire que la ferme dormait au mois de décembre. Non seulement il fallait continuer les labours d'hiver et l'enfouissement des engrais quand le temps le permettait, mais il fallait également procéder à l'entretien et à la réparation du matériel de ferme. Ceux qui étaient les plus instruits se chargeaient de l'inventaire annuel. Le soir, à la veillée, chacun priait pour qu'il fasse un temps de saison, car, comme l'assurait le dicton : Froid et neige en décembre, du blé à revendre. *Ce dicton s'avérait chaque année exact, car non seulement le gel détruisait la vermine, mais la neige était un engrais azoté efficace et de plus gratuit.*

Non, la ferme ne dormait pas en décembre. Si l'on s'en réfère au calendrier de l'almanach agricole, il y avait encore beaucoup à faire en attendant Noël.

Agriculture : Continuer les labours et l'enfouissement des engrais. Surveiller dans les champs les sillons d'écoulement. Continuer le nettoyage des fossés et des rigoles des prairies. Entretenir les chemins. Réparer et entretenir le matériel de ferme.

Viticulture : Continuer la taille et commencer le déchaussement des ceps. Apporter les engrais à décomposition lente (marcs, cornaille, fumier). Commencer l'ébouillantage contre la pyrale, si cette opération n'a pas déjà été faite en octobre-novembre contre la cochylis.

Comptabilité : Procéder à l'inventaire annuel.

Arboriculture et horticulture : Continuer le labour des carrés libres. Garantir les plantes qui peuvent souffrir du froid. Réparer les outils et les châssis. Nettoyer les graines. Ramasser les feuilles des arbres pour faire des couches, préparer des composts. Traiter les arbres fruitiers à pépins, et ceux à noyaux, si cette opération n'a pas été faite en novembre.

Apiculture : Ce mois est, comme le précédent, un temps de repos pour l'apiculteur comme pour les abeilles. Surveiller les ruches contre les rongeurs.

Bétail : Augmenter les litières. Faire pâturer les moutons par temps beau.

dictons

Pluie de décembre :

Quand l'eau sort au mois mort,
Toute l'année elle sort.

Soleil de décembre :

Décembre trop beau,
L'été dans l'eau.

Neige de décembre :

Neige de décembre
Est engrais pour la terre.

Décembre aux pieds blancs
s'en vient,
An de neige est an de bien.

En décembre froid,
Si la neige abonde,
En une année féconde
Le laboureur a foi.

En décembre, pour que
l'année aille comme il se doit,
Il convient que les champs
s'enneigent deux fois.

Si décembre est sous la neige,
La récolte elle protège.

Neige de décembre,
C'est pour le jardin cendres.

La neige, riche en azote, et les cendres étaient deux engrais naturels appréciés.

Froid de décembre :

Froid et neige en décembre,
Du blé à revendre.

Année gelée,
Année de blé.

Décembre de froid trop
chiche
Ne fait pas le paysan riche.

Tonnerre de décembre :

Quand en décembre il a
tonné,
L'hiver est avorté.

Vent de décembre :

Vingt-six décembre au vent,
Laisse vin grandement.

Animaux en décembre :

En décembre, journée courte, longue nuit,
L'abeille se tait, le jonc gémit.

Rossignol de décembre muet en sa prison,
Présage tardive et froide saison.

Il n'y a pas qu'au Japon que l'on mettait les rossignols en cage. Au début du xxe siècle, c'était également le cas dans de nombreuses régions du midi de la France.

Femmes en décembre :

Le vingt et un décembre, les femmes parlent moins que les autres jours,
C'est le plus court de l'année.

Ce dicton a très certainement été « inventé » par un homme !

Dictons généraux de décembre :

****

Si décembre et janvier ne font leur chemin,
Février fait son lutin.

Décembre prend,
Il ne rend.

En décembre, fais du bois
Et endors-toi.

et les saints ???

À quel saint se vouer en décembre ?

****

1er décembre :

Quand Saint-Éloi a bien froid,
Quatre mois dure le grand froid.

À la Saint-Eloi, la nuit
L'emporte sur le jour qui luit.

2 décembre :

Temps clair à la Sainte-Viviane,
Temps clair pendant quarante jours et une semaine.

4 décembre :

À la Sainte-Barbe,
Le soleil peu arde.

À la Sainte-Barbe,
L'âne se fait la barbe.

Entendre que son poil d'hiver pousse.

6 décembre :

Neige à la Saint-Nicolas
Donne froid pour trois mois.

Le jour de la Saint-Nicolas
De décembre est le moins froid.

À la Saint-Nicolas,
L'hiver est souvent las.

Saint-Nicolas fait les bons mariages,
Guérit de la fièvre et de la rage.

Nouvelle lune à Saint-Nicolas,
Dans les champs, c'est du verglas.

Saint-Nicolas marie les filles avec les gars.

Le mois de décembre était relativement calme pour les paysans ; ils avaient donc le temps de marier leurs enfants.

7 décembre :

Quand Saint-Ambroise voit neiger,
De dix-huit jours de froid nous sommes en danger.

8 décembre :

Jour de l'Immaculée
Ne se passe jamais sans gelée.

Il s'agit de la fête catholique de l'Immaculée conception.

9 décembre :

De Sainte-Léocadie à Saint-Nicaise,
Les gelées naissent.

Saint-Nicaise était fêté le 14 décembre.

10 décembre :

Si le soleil luit à Sainte-Eulalie,
Pommes et poires à la folie.

11 décembre :

Tel temps à la Saint-Daniel,
Tel temps à Noël.

Ce Daniel était Daniel le Stylite.

Visite les ruches à la Saint-Daniel,
Mais garde-toi d'en ôter le miel.

12 décembre :

À la Saint-Corentin,
Le plein hiver glace le chemin.

13 décembre :

À la sainte Luce,
Les jours rallongent d'un saut de puce.

15 décembre :

Soleil de Sainte-Nina,
Pour un long hiver, rentre ton bois.

16 décembre :

Quand il pleut à la Sainte-Alice,
C'est souvent comme vache qui pisse.

17 décembre :

S'il neige à la Saint-Florian,
Les récoltes seront en excédent.

18 décembre :

À la Saint-Gatien,
Vilain,
Ramasse ton bois,
Et endors-toi.

À la Saint-Gatien,
Le temps ne vaut rien.

19 décembre :

À la Saint-Urbain,
Ce qui est à la vigne est au vilain.

Il s'agit du pape Urbain V. Ce dicton signifiait que les pauvres pouvaient prendre les grappes oubliées dans les vignes, après les vendanges.

21 décembre :

Saint-Thomas
Apporte l'hiver dans ses bras.

23 décembre :

À Saint-Évariste, jour de pluie,
Jour triste.

24 décembre :

Beau temps à la Sainte-Adèle
Est un cadeau du ciel.

Entre Sainte-Adèle et Saint-Vincent,
Les gelées ont le plus de mordant.

Saint-Vincent était fêté le 22 janvier.

25 décembre :

Pluie de Sainte-Eugénie met le travailleur à la gêne,
Mais, si le soleil pompe de l'eau,
C'est signe de huit jours chauds.

26 décembre :

À la Saint-Étienne,
Chacun trouve la sienne.

À la Saint-Étienne,
Les jours croissent d'une aiguillée de laine.

Le jour de la Saint-Denis,
Le vent se marie à minuit.

Pluie à la Saint-Denis,
Tout l'hiver, la pluie.

Il s'agit de Denys de Rome, pape de 259 à 268.

27 décembre :

À la Saint-Jean d'hiver,
Les feux sont grands.

29 décembre :

Les froids de Saint-Évroult
Sont des froids de loup.

31 décembre :

Saint-Sylvestre ne peut être qu'une fois l'an,
C'est la veille du jour de l'an.

Météoscope du mois de décembre

****

On oublie souvent le temps qu'il faisait, à la même époque, les années précédentes. Pour y remédier, notez ci-dessous, au jour le jour, le temps (température, pluie, soleil, orages, etc.) qu'il a fait durant ce mois. Non seulement vous aurez un repère pour les prochaines années, mais vous pourrez juger de la justesse ou de la véracité de certains dictons.

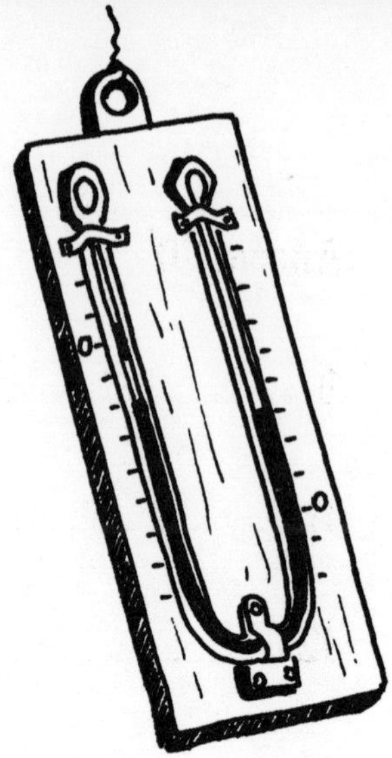

Année : 20..

1 :..

2 :..

3 :..

4 :..

5 :..

6 :..

7 :..

8 :..

9 :..

Année : 20..

1 :..

2 :..

3 :..

4 :..

5 :..

6 :..

7 :..

8 :..

9 :..

Année : 20..

10 : ....

11 : ....

12 : ....

13 : ....

14 : ....

15 : ....

16 : ....

17 : ....

18 : ....

19 : ....

20 : ....

21 : ....

Année : 20..

10 : ....

11 : ....

12 : ....

13 : ....

14 : ....

15 : ....

16 : ....

17 : ....

18 : ....

19 : ....

20 : ....

21 : ....

Année : 20..	Année : 20..
22 :	22 : ....
23 :	23 : ....
24 :	24 : ....
25 :	25 : ....
26 :	26 : ....
27 :	27 : ....
28 :	28 : ....
29 :	29 : ....
30 :	30 : ....
31 :	31 : ....

Remarques générales : ....

....

....

....

Au nom des fêtes**

Casse-tête que ces fêtes ! La plupart étaient et sont toujours religieuses. Et la date de certaines d'entre elles dépend directement de celle de la fête de Pâques, la fête mobile par excellence, qui dépend du calendrier lunaire. Dans cet ouvrage, j'ai pris comme référence l'année 2009, où Pâques tombe le 12 avril.

Jour de l'an

Jour de l'an beau,
Mois d'août très chaud.

Le mauvais an
Entre en nageant.

Quand le soleil brille le jour de l'an,
C'est signe de beaucoup de glands.

À l'an neuf,
Les jours croissent du repas d'un bœuf.

Épiphanie

L'Épiphanie correspond à la présentation de Jésus enfant aux Rois Mages, rois dont on oublie toujours le nom et les présents dont ils étaient porteurs. Petit rappel : Melchior, c'était l'or ; Balthazar, l'encens, et Gaspard, la myrrhe. Au début du XXe siècle, l'Épiphanie était toujours fêtée le 6 janvier et fériée, quel que soit le jour. Aujourd'hui, cette fête religieuse n'est pas fériée ; c'est pour cette raison que l'Église catholique a décidé, le cas échéant, de reporter sa célébration au dimanche le plus proche du 6 janvier. En 2008, pas de problème, l'Épiphanie tombait le dimanche 6. En 2009, par contre, la fête des Rois fut célébrée le dimanche 4 janvier.

Pour les catholiques, cette fête revêtait, depuis le Ve siècle, une importance considérable. Le 6 janvier fut d'ailleurs longtemps plus fêté que le 25 décembre.

Il était d'usage ce jour-là, en France – et ce, depuis le XIVe siècle –, de confectionner une galette, la fameuse « galette des rois ». Même s'il leur en coûtait, les paysannes les plus pauvres tenaient, elles aussi, à respecter cette tradition en économisant, jour après jour, un peu de farine et d'œufs… quand elles le pouvaient !

Cette galette était partagée par toute la famille, mais la maîtresse de maison en mettait toujours de côté un morceau, appelé « part du Bon Dieu » ou « part de la Vierge », qui était destiné au premier pauvre qui frapperait à la porte. Si un membre de la famille était absent (fils aux armées[9], marin au large, fille engagée, etc.), une part lui était également réservée. On l'enveloppait soigneusement dans un linge et on la rangeait dans la huche à pain en attendant son retour. Si elle s'y conservait, c'était bon signe !

Si aucun pauvre ne s'était présenté, les enfants prenaient le relais dès le lendemain pour réclamer cette part.

Dans certaines régions, notamment du sud et de l'est de la France, ce gâteau des rois était – et est toujours – une brioche en forme de couronne.

Pluie aux Rois,
Blé jusqu'au toit.

9. Le service militaire obligatoire fut instauré le 21 mars 1905, sous le gouvernement de Maurice Rouvier. Il durait alors 2 ans.

Soleil qui luit le jour des Rois
Fait deux hivers pour une fois.

Les douze jours qui vont de Noël aux Rois
Donnent le temps des douze mois.

Chandeleur

Fêtée le 2 février, la Chandeleur, fête de la Purification de la Vierge Marie et de la Présentation de Jésus au Temple, était liée à la lumière, signe de fécondité et de prospérité. Ce jour-là, à la nuit tombée, tous les habitants du village, munis d'un cierge bénit allumé, la chandelle – d'où le nom de la fête –, se rendaient en procession dans les champs et dans les vignes pour être assurés d'avoir une bonne récolte.

Et les crêpes ? Pour nos ancêtres, ce « disque doré » symbolisait le soleil. Il était d'usage de faire sauter la première crêpe sur l'armoire, un lieu élevé où elle ne moisissait pas. Elle devait ainsi préserver les futures récoltes des moisissures et champignons. Fin du fin, lorsque l'on faisait sauter cette crêpe avec une pièce dans la main, on échappait, pour l'année, à la pauvreté.

À la Chandeleur, l'hiver cesse,
Ou prend vigueur.

Rosée à la Chandeleur,
Hiver à sa dernière heure.

Chandeleur claire
Laisse l'hiver derrière.

À la Chandeleur, pluvieuse ou claire,
Quarante jours d'hiver avons à faire.

Quand pour la Chandeleur le soleil luit,
Quarante jours d'hiver suivent.

Quand le soleil de la Chandeleur fait lanterne,
Quarante jours après, il hiverne.

Si la Chandeleur est brumeuse,
Il y aura beaucoup d'amandes.

S'il pleut à la Chandeleur,
Les vaches donnent beaucoup de beurre.

S'il pleut pour la Chandeleur,
Il y aura beaucoup de cire et de miel.

Ces deux dictons signifient qu'en mars et avril, herbe et fleurs nouvelles permettront aux vaches de donner du lait et aux abeilles de commencer à butiner.

Chandeleur couverte,
Quarante jours de perte.

Chandeleur froide,
Hiver joyeux.

Chandeleur noire,
L'hiver fait son devoir.

Chandeleur trouble,
L'hiver redouble.

Quand il pleut pour la Chandeleur,
Il pleut pendant quarante jours.

Carnaval et Mardi gras

Selon le calendrier religieux, que les paysans respectaient particulièrement, la période appelée « carnaval » débutait le 6 janvier, jour de l'Épiphanie, pour s'achever au soir du Mardi gras, fête mobile qui dépendait de celle de Pâques ; en 2009, Mardi gras fut fêté le 24 février et Pâques le 12 avril.

Le Mardi gras précède le mercredi des Cendres, annonçant le début du carême. Le carême dure quarante jours et s'achève à Pâques, dont la date varie en fonction du cycle lunaire.

Dans la France très catholique d'alors, ce carême était très respecté. On devait manger maigre. Le Mardi gras et les jours qui le précédaient étaient donc l'occasion de faire bombance, autant que faire se peut et dans la mesure de ses moyens. Les paysannes utilisaient ce qui leur restait de graisse pour faire frire bugnes et autres beignets ainsi que leurs œufs, interdits durant le carême, pour confectionner crêpes et galettes. Seule pause pendant ces quarante jours, la mi-carême, que l'on attendait avec impatience.

Le Mardi gras était, évidemment, jour de liesse. On dansait, et, carnaval oblige, on se déguisait. Mais les hommes n'étaient pas les seuls. À Bazas, en Gironde, comme dans d'autres villes, on faisait, depuis le Moyen Âge, défiler des bœufs gras, couronnés de fleurs et enrubannés, avant d'en sacrifier un, le plus beau, qui était alors rôti et dégusté. Cette traditionnelle fête des Bœufs Gras de Carnaval de Bazas perdure et attire, chaque année, de plus en plus de visiteurs !

Lune nouvelle au Mardi gras,
Le tonnerre, peu après, entendras.

Quand Mardi gras est de vert vêtu,
Pâques met des habits blancs.

Carnaval au soleil,
Pâques au feu.

Rameaux

Le dimanche des Rameaux ouvre la semaine sainte, qui précède Pâques. Chaque paysanne se rendait à l'église pour y faire bénir des rameaux de buis, qu'elle accrochait ensuite aux nombreux crucifix de la ferme pour protéger la maisonnée, bétail compris. En cas d'orage, il était d'usage d'en brûler quelques feuilles afin d'éloigner la foudre.

Vent des Rameaux
Ne change pas de sitôt.

ou

Quand il vente pour les Rameaux,
Il vente toute l'année.

ou

Quand il vente pour les Rameaux,
Il vente neuf mois dans l'année.

Aujourd'hui encore, nombre de Français de tous âges utilisent ces dictons liés au vent des Rameaux.

Faire Pâques
Avant les Rameaux.

Se disait lorsque les fiancés avaient « fauté » avant le mariage, le dimanche des Rameaux étant fêté une semaine avant le dimanche de Pâques. Les « bigotes », chantées par le grand Jacques Brel, prenaient un malin plaisir à calculer le nombre de mois qui séparait le mariage de la naissance du premier enfant. Cette expression « pudique », encore très employée dans nos campagnes, faisait sourire d'une manière bienveillante ma belle-mère, Yvonne. Elle me plaît d'autant plus qu'elle a, très certainement, été employée à l'égard de ma chère grand-mère, Jeanne… qui, en 1918, donna naissance à ma mère, Anne, (très) peu de temps après avoir convolé en justes noces ! J'ose à peine imaginer le scandale dans cette famille catholique bretonne – pardon pour le pléonasme ! Mais que Jeanne se rassure, ses arrière-petits-enfants l'ont, presque tous, imitée !

Quand l'aube des Rameaux est claire,
Les figues sèchent bien.

Nos aïeux étaient de grands consommateurs de fruits secs, riches en calories (noix, noisettes, mais aussi, dans la partie sud de la France, amandes ou figues et prunes séchées).

Jeudi saint, vendredi saint et semaine sainte

Le vendredi saint célèbre la passion du Christ. Au début du XXe siècle, les catholiques observaient rigoureusement le jeûne. Aujourd'hui encore, les pratiquants ne consomment pas de viande ce jour-là.

Semaine sainte mouillée
Donne terre altérée.

Semaine sainte pluvieuse,
Année ruineuse.

S'il pleut le vendredi saint,
Toute la pluie de l'année ne sert à rien.

Gelée du jeudi saint
Gèle le sarrasin.

Pour la semaine sainte,
Il pleut où il vente.

Les safranées du jeudi saint.

Au début du XXe siècle, la culture du crocus, dont les stigmates fournissent le safran, utilisé en teinturerie et en cuisine, était très importante dans le Gâtinais, en Essonne, en Seine-et-Marne et dans le Loiret. Dans ces régions, la coutume voulait que chaque jeudi saint, on vende, sur le parvis des églises, des « safranées », beignets à base de safran.

La foire aux jambons de Bayonne.

Ce n'est pas un hasard si la célèbre « foire aux Jambons » de Bayonne se déroulait, et se déroule toujours, le jeudi saint, trois jours avant la fin du carême, date à partir de laquelle on pouvait recommencer à manger gras ! Ceux qui le pouvaient ne s'en privaient pas. Mais, force est de reconnaître que les jambons que les petits paysans de la région Adour-Gaves (Chalosse, Pays orthézien et salinien) avaient élaborés, le méritaient. Et le méritent toujours !

Pâques

Dans le calendrier religieux, Pâques est une fête célébrant la résurrection du Christ ; c'était également la fin du jeûne du carême, très suivi au début du XXe siècle. Pâques est une fête mobile – dont dépendent d'autres fêtes religieuses –, car elle est fixée à partir du calendrier lunaire, soit le dimanche après le 14e jour du premier mois lunaire du printemps. Plus simplement, Pâques est fêté au printemps, le 1er dimanche suivant la pleine lune. En 2008, c'était le 23 mars. En 2009, c'était le 12 avril. Les dates suivantes seront le 4 avril, en 2010, le 24 avril, en 2011, le 8 avril, en 2012, le 31 mars, en 2013, et le 20 avril, en 2014.

Pâques au début du xxe siècle.

De toutes les fêtes religieuses, celle de Pâques était, avec Noël et l'Épiphanie, la plus importante. Ce jour-là, les hommes les moins pratiquants faisaient exception pour se rendre à la messe dominicale. Pâques était aussi l'occasion de rompre les obligations de jeûne du carême en mangeant des œufs. Des œufs de Pâques !

Dès le jeudi saint, les enfants du village allaient de ferme en ferme quémander des œufs – les poules n'avaient pas arrêté de pondre pendant le carême ! – qu'ils redistribuaient ensuite à ceux qui n'avaient pas de basse-cour. En Béarn, cela se passait la veille de Pâques, que l'on appelait « samedi des œufs ».

Inutile de dire que les omelettes au lard faisaient partie des plats les plus cuisinés en cette période, mais il y avait aussi d'autres recettes plus élaborées. À cette époque, seuls les plus fortunés consommaient l'« agneau pascal », sous forme de gigot.

Il faut faire carême-prenant avec sa femme,
Et Pâques avec son curé.

On appelait « carême-prenant » les trois jours gras qui précédaient le début du carême, c'est-à-dire le mercredi des Cendres. Durant ces trois jours, on mangeait, on buvait et on s'amusait. Il était, suivant ce dicton, préférable de le faire avec sa famille plutôt qu'avec le curé, que, par contre, même le moins pratiquant des catholiques se devait de retrouver pour « faire ses Pâques » !

Les dates de Pâques de 1900 à 1914

Au début du xxe siècle, nos grands-parents fêtèrent le dimanche de Pâques :

Le 15 avril en 1900
Le 7 avril en 1901
Le 30 mars en 1902
Le 12 avril en 1903
Le 3 avril en 1904
Le 23 avril en 1905
Le 15 avril en 1906
Le 31 mars en 1907
Le 19 avril en 1908
Le 11 avril en 1909
Le 27 mars en 1910
Le 16 avril en 1911
Le 7 avril en 1912
Le 23 mars en 1913
Le 12 avril en 1914

Les prochaines dates seront :

Le 4 avril en 2010
Le 24 avril en 2011
Le 8 avril en 2012
Le 31 mars en 2013
Le 20 avril en 1014

Pluie à Pâques
Emplit les coffres.

Pluie à Pâques,
Temps béni.

À Pâques, mauvais temps
Égale six semaines pendant.

Les Pâques pluvieuses
Sont souvent fromenteuses,
Et souvent fort menteuses.

Pâques doux,
Épi vide.

Pâques mouillé
Fait l'épi dru.

Noël au balcon,
Pâques aux tisons.

Blanc Noël, vertes Pâques,
Vert Noël, blanches Pâques.

Qui se chauffe au soleil, Noël, en ton saint jour
Devra brûler du bois quand Pâques aura son tour.

À Noël les moucherons,
À Pâques, les glaçons.

Ces dictons signifiaient qu'il valait mieux que le temps soit de saison ; froid à Noël et doux à Pâques. S'il faisait doux à Noël, les anciens voulaient dire qu'« on le paierait à Pâques ».

Pâques tard,
Hiver tard.

Faire Pâques
Avant les Rameaux.

Se disait lorsque les fiancés avaient « fauté » avant le mariage (voir à Rameaux).

Toujours les Pâques
En mars ou avril.

La date de Pâques tombe obligatoirement dans la période comprise entre le 22 mars et le 25 avril.

Rogations

Les rogations sont, dans le calendrier religieux, les trois jours qui précèdent le jeudi de l'Ascension. Au début du XXe siècle, les paysans priaient, ces jours-là, leurs saints favoris pour avoir une bonne récolte. Ma grand-mère prétendait également que faire la lessive aux rogations portait malheur.

Belles rogations,
Belles moissons.

Haricots de rogations
Rendent à foison.

Ceux qui sèment le chanvre aux rogations,
Le tirent à croupeton.

Lessive aux rogations,
Cercueil à la moisson.

Celui qui fait la buée aux rogations,
Sera au lit pour les moissons.

Autrefois, la buée était le nom que l'on donnait à la lessive. Suivant les régions, les termes étaient différents mais approchants : dans le Poitou-Charentes, on l'appelait la bughée ; en Provence, c'était la bugade. Celle qui la faisait était une bugadière, ou plutôt, en langue provençale, une *bugadiero*. Cette lavandière méridionale est d'ailleurs représentée, en santon, dans les crèches de Noël du Midi, avec son linge et son inséparable *saboun de Marsiho* ! Inutile de traduire la langue de Mistral !

Tous ces termes, issus de l'appellation moyenâgeuse de la lessive, la buée, sont à l'origine des mots contemporains buandière et buanderie.

Qui coule le linge aux rogations
Veut faire mourir son patron.

Ascension

Le jeudi de l'Ascension, celle de Jésus au Ciel, est fêté 40 jours après Pâques, le 21 mai, en 2009.

S'il pleut à l'Ascension,
C'est comme du poison.

ou

S'il pleut à l'Ascension,
Tout va en perdition.

Quand il pleut à l'Ascension,
Les blés dépérissent jusqu'à la moisson.

Quand il pleut le jour de l'Ascension,
Les cerises s'en vont en procession.

En cette période de l'année, il valait mieux pour les cultures, comme pour les arbres fruitiers, du soleil que de la pluie.

À l'Ascension,
On quitte le veau pour le mouton.

À cette période de l'année, les veaux avaient grandi et ne demandaient plus de soin mais il fallait faire paître les moutons.

L'eau de l'Ascension
Amène le bangon.

« Bangon » désignait la tumeur de la mâchoire du mouton.

À l'Ascension, quitte ton cotillon,
À la Pentecôte, découvre tes côtes,
À la Fête-Dieu, fait ce que tu veux.

Ce dicton se rapproche de *En mai, fais ce qu'il te plaît.*

Entre l'Ascension et la Pentecôte, si on tond les moutons,
Il sort un corps de la maison.

À l'Ascension,
Les cerises sur le pont.

C'est effectivement pour l'Ascension que les cerisiers commencent à « être en fruits ».

À l'Ascension,
Blanche nappe et gras mouton.

Dans les fermes les plus riches, notamment dans le Sud-Ouest, il était d'usage de manger un ragoût de mouton pour l'Ascension.

À l'Ascension,
La caillebotte au poêlon.

La caillebotte n'est autre que le lait caillé, et le poêlon, le récipient qui servait à fabriquer certains fromages de brebis ou de chèvre.

Pentecôte

La Pentecôte, ou « descente du Saint-Esprit sur terre », est fêtée le 7e dimanche après Pâques.

La Pentecôte
Donne les foins ou les ôte.

Pluie à la Pentecôte,
Beau temps à la Trinité.

À la Pentecôte, les roses vont,
À la Saint-Jean, s'en vont.

Trinité

La fête de la Trinité est fixée au premier dimanche après celui de la Pentecôte. Elle célèbre un dogme de l'Église catholique : le Père, le Fils et le Saint-Esprit formant un seul et même Dieu.

Pluie de la Trinité
Fait dépérir les blés.

Quand il pleut pour la Trinité,
La récolte diminue de moitié.

En ce début de juin, le soleil était espéré pour faire mûrir les blés.

Vent bas la veille de la Trinité
Y reste le tiers de l'année.

Saint-Sacrement ou Fête-Dieu

Le jour du Saint-Sacrement ou de la Fête-Dieu est fixé au jeudi qui suit le dimanche de la Trinité. Dans les villages, après la procession religieuse, à laquelle participaient les autorités civiles et militaires, avait lieu une grande fête populaire.

À la Saint-Sacrement,
L'épi est au froment.

Pavillée mouillée,
Fenaison manquée.

« Pavillée » était le nom donné au reposoir édifié sur le parcours du Saint-Sacrement lors de la procession de la Fête-Dieu. Si le foin, la plupart du temps coupé en ce mois de juin, était mouillé, on ne pouvait évidemment pas le rentrer. Si la pluie persistait, le foin pourrissait dans les champs. La perte de ce fourrage était une catastrophe pour le paysan.

Assomption

L'Assomption de Marie est un dogme de l'Église catholique romaine selon lequel, au terme de sa vie terrestre, la mère de Jésus aurait été élevée au ciel.

La vierge du quinze août
Arrange ou dérange tout.

Pluie de Notre-Dame
Fait tout vin ou tout châtaigne.

Les œufs pondus entre les deux Notre-Dame
Se gardent plus longtemps que les autres.

La période entre les deux Notre-Dame va du 15 août, Assomption, au 8 septembre, Nativité de la Vierge.

Toussaint (1er novembre)

Comme son nom l'indique, la Toussaint fête, le 1er novembre, tous les saints canonisés par l'Église catholique, que l'on évalue à plus de 40 000. Ce devrait donc être une fête joyeuse qui n'a rien à voir avec le jour où l'on célèbre la mémoire des morts.

Entre la Toussaint et l'Avent,
Attends-toi à pluie et vent.

À la Toussaint, blé semé,
Aussi le fruit enfermé.

La Toussaint venue,
Laisse là ta charrue.

Vent de Toussaint,
Terreur de marin.

À la Toussaint,
Tout vin est sain.

Vilaine veille de Toussaint
Ne présage rien de bien.

Trépassés (2 novembre)

Contrairement à l'idée établie, c'est le 2 novembre, et non la veille, à la Toussaint, que l'on fête les Trépassés ou jour des Morts.

Le jour des Morts, ne remue pas la terre
Si tu ne veux pas sortir les ossements de tes pères.

La neige le jour des Trépassés
Annonce un printemps ensoleillé.

Reliques (5 novembre)

La fête des Saintes Reliques est fixée au 5 novembre. Par « reliques », il faut entendre tout ce qui reste des saints après leur mort : leurs ossements, leurs cendres, leurs vêtements et autres objets leur ayant appartenu.

Il pleut au saint jour des Reliques,
Et vente à décorner les biques.

Avents

Les Avents correspondent aux quatre dimanches qui précèdent Noël.

Il fait bon semer dans les Avents,
Mais il ne faut pas le dire aux enfants.

Quand secs sont les Avents,
Abondant sera l'an.

Le mois de l'Avent
Est de pluie et de vent,
Tire ton bonnet jusqu'aux dents.

La neige des Avents
A de longues dents.

La neige de l'Avent
Gèle très facilement.

Tel Avent,
Tel printemps.

Il faut les Avents froids et secs,
Si l'on veut boire sec.

Notre-Dame de l'Avent, pluie et vent,
Tire ton bonnet jusqu'aux dents.

Notre-Dame de l'Avent n'est autre que l'Immaculée Conception, fêtée le 8 décembre.

Noël (25 décembre)

C'est le pape Jules Ier qui, en 376, fixa la date de la célébration de la naissance de Jésus au 25 décembre. Auparavant, Noël, qui vient du latin *natale,* naissance, était fêté le premier dimanche de janvier. Il semble que ce changement soit intervenu afin de faire coïncider la fête religieuse avec le solstice d'hiver.

Au début du XXe siècle, le repas de Noël était déjà un « fricot », ou un « gros souper », comme l'on disait en Provence, que l'on commençait à partager en attendant l'incontournable messe de minuit et que l'on terminait jusque tard dans la nuit. Ce que l'on mangeait lors de ce repas était différent suivant les régions et, évidemment, l'état des finances de la famille. Dans ce fricot, il y avait généralement une volaille, oie, poule, canard, poulet, mais rarement de la dinde – dont la vogue récente nous vient des États-Unis –, ou, principalement en Provence, du ou des poissons ainsi que force légumes. Mais, Noël étant la fête des enfants, il y avait partout, y compris dans les familles les plus modestes, des desserts que les mères et grands-mères avaient confectionnés et préparés avec amour. Il s'agissait souvent de gâteaux à base de fruits de saison, comme les noix et les châtaignes.

En Provence, c'était un peu différent. On ne pouvait imaginer un « gros souper » de Noël sans le partage des « treize desserts » présentés dans treize assiettes différentes. C'était la tradition, et ça l'est encore !

Mais pourquoi treize ? Tout simplement en référence au dernier repas, la Cène, que Jésus partagea avec ses douze apôtres. Ces treize desserts, tous différents, variaient, évidemment, d'un canton, d'un village, d'une famille à l'autre. J'ai choisi de vous proposer la liste établie par le musée des Arts et Traditions populaires de Marseille :

- la *pòmpa a l'òli* : une brioche sucrée plate à l'huile d'olive ;
- les mendiants, appelés ainsi en référence aux ordres religieux ayant fait vœu de pauvreté : les noix et noisettes pour les augustins, les figues sèches pour les franciscains, les amandes pour les carmes et les raisins secs pour les dominicains ;
- les pommes ;
- les poires ;
- le *verdaù,* gros melon vert ;
- le nougat noir et le nougat blanc ;
- les sorbes, fruits du sorbier ;
- les raisins frais.

Suivant les régions, on pouvait compléter avec :

- des mandarines ;
- des confiseries : truffes au chocolat, fruits confits, calissons d'Aix… ;
- des pâtes de coing ou d'autres fruits ;
- des bugnes, ou merveilles, ou oreillettes : petits beignets à la fleur d'oranger ;
- des dattes.

Selon la tradition, chaque convive devait manger un peu de chaque dessert pour s'assurer bonne fortune pour toute l'année.

Et la bûche de Noël ?

Au début du XXe siècle, il y avait une bûche de Noël dans toutes les maisons, dans tous les foyers, devrais-je dire, car cette bûche-là n'était pas le gâteau que l'on connaît, mais une véritable bûche en bois.

C'était, la plupart du temps, un gros tronc d'arbre fruitier que l'on allumait cérémonieusement avant de se rendre à la messe de minuit. Une fois la bûche entièrement consumée, on gardait une petite partie de ses cendres, qui avaient, disait-on, le pouvoir de guérir toutes les maladies et de protéger la maison de la foudre.

Noël au balcon,
Pâques aux tisons.

ou

Noël au perron,
Pâques aux tisons.

À Noël, les moucherons,
À Pâques, les glaçons.

Noël humide
Donne grenier et tonneau vides.

Noël, c'est certain,
Ne fut jamais marchand de vin.

À la Noël, froid dur
Annonce épis durs.

Quand Noël est étoilé,
Force paille, guère de blé.

Claire nuit de Noël,
Claire javelle.

Les javelles étaient les bottes de céréales coupées par le moissonneur.

Vent qui souffle à la sortie de la messe de minuit
Dominera l'an qui suit.

Noël gelé,
Moissons grainées.

Quand Noël est sans lune,
De cent brebis, il n'en reste qu'une.

Lune de Noël gouverne le temps
Jusqu'à la Saint-Jean.

Noël un samedi,
An où tout le monde mendie.

Noël un mardi,
Mauvais pour les semis.

C'était le cas en 2007 !

Les jours entre Noël et les Rois
Indiquent le temps des douze mois.

Regarde comment sont menées
Depuis Noël douze journées,
Car en suivant ces douze jours,
Les douze mois feront leur cours.

Neige avant Noël,
Fumier pour le seigle.

Seigle qui avait été semé en octobre.

Un mois avant et après Noël,
L'hiver se montre plus cruel.

La Lune et les dictons

De tous temps, les hommes ont prêté une influence extraordinaire à la lune, non sans raison. Nul ne doute aujourd'hui de son influence directe sur les marées, des études scientifiques l'ont prouvé. Des générations de coiffeurs… et de coiffés ont également constaté que les cheveux coupés à la nouvelle lune repoussaient plus vite. Allez mettre leurs dires en doute ! Ce doute n'existe pas dans les maternités. De nombreuses statistiques, étayées par le personnel hospitalier dans son ensemble, démontrent que les accouchements sont beaucoup plus nombreux les jours de pleine lune. Cette fameuse pleine lune qui, de plus, serait à l'origine d'insomnie, de nervosité… voire de coup de folie !

Nouvelle lune ? Pleine lune ? D'une nouvelle lune à l'autre, il y a 29 jours et demi. Le soleil et la lune sont alors sur la même longitude et dans le même signe du zodiaque. Lors de la nouvelle lune, la nuit est parfaitement noire puisque la lune se couche et se lève à proximité apparente du soleil. Un jour et demi après la nouvelle lune, on commence à apercevoir un mince croissant qui, au fil des jours, va devenir une demi-lune ou demi-quartier, puis la pleine lune. De la nouvelle lune à la pleine lune, pendant environ 15 jours, la lune est croissante, gagnant petit à petit en forme et en lumière. De la pleine lune à la nouvelle lune suivante, la lune est décroissante. Pour savoir à quel stade lunaire nous sommes, il suffit d'observer le ciel. Si la courbe du croissant est semblable à celle du p, comme **p**remier quartier, la lune est croissante. Si, à l'inverse, la courbe est semblable à celle du d, comme **d**ernier quartier, la lune est décroissante. Pour les vignerons et les paysans, cette distinction était primordiale, car ils avaient remarqué, par exemple, que semis et plantations se portaient mieux lorsqu'ils étaient effectués en lune croissante. À l'inverse, il fallait tailler et mettre le vin en bouteilles à la lune décroissante. Ces principes sont toujours suivis de nos jours.

Ainsi, ce sont nos ancêtres à tous, les paysans, qui, vivant toute l'année au rythme de la nature, ont pu vraiment appréhender le rôle de la lune sur celle-ci. Au fil des siècles, leurs observations se sont transformées en dictons. En voici quelques uns, pour la plupart ancrés pour toujours dans notre mémoire collective. On peut y croire ou pas, c'est la magie du dicton, mais, toujours est-il que, depuis quelques années, on voit fleurir – le mot est approprié – nombre d'ouvrages et de magazines qui nous proposent de « jardiner avec la lune ».

P.-S. : Pour découvrir les dictons lunaires relatifs à un mois particulier, reportez-vous à ce mois.

Lune rougeâtre,
Du vent.

Cornes de lune en haut, beau temps,
Cornes de lune en bas, mauvais temps.
ou

Cornes de lune pâles, pluie,
Cornes de lune nettes, beau temps.

Par « cornes de lune », on entend les extrémités du croissant.

Lune brillante et blanche en même temps
Plusieurs jours te promet du beau temps.

Lune qui naît méchante,
Dans trois jours, charmante.

Lune claire, luisante et blanche
Promet journée franche.

L'hiver n'est point passé
Que la lune rousse n'ait décliné.

Lune pâle,
C'est la pluie.

Lune rousse sur la semence
A toujours grande influence.

Lune d'argent
Fait temps clair.

Lune cerclée,
Pluie assurée.

Lorsque la lune est entourée d'un halo.

Lune brouillée,
Pluie assurée.

Lune nouvelle en beau temps,
Pluie avant sept jours.

Lune neuve en méchant temps,
Soleil en trois jours.

Lune rouge en se levant
Annonce le vent.

« En se levant » signifie qu'il s'agit de la lune montante ou croissante.

Les gelées de la lune rousse
De la plante brûlent la pousse.

La lune rousse est la première lunaison après Pâques. Les gelées qui l'accompagnent étaient redoutées par tous les paysans. Aujourd'hui encore, de nombreux jardiniers attendent qu'elle soit passée pour semer ou planter.

Au cinq de la lune, tu jugeras
Quel temps tu auras tout le mois.

Ce dicton lunaire s'appliquait à tous les mois.

Fais ta lessive à la lune vieille si tu veux que le linge change et devienne raide,
À la lune nouvelle, le linge en sort floché et pelucheux.

La pleine lune est favorable
À la coupe de cheveux.

Bien des coiffeurs vous le diront !

Quand la lune se fait chaude et moite dans le premier quartier,
Elle met des champignons plein le panier.

La vache que l'on mène au taureau à la lune nouvelle donne une velle,
La vache que l'on mène au taureau à la lune vieille donne un veau.

« Velle » était, avec « taure », le nom que l'on donnait à la génisse.

Quand la lune vient dans l'eau,
Au bout de trois jours, il fait beau.

Par « la lune vient dans l'eau », il faut entendre l'arrivée de la nouvelle lune par temps de pluie.

Quand la lune arrive belle,
Au bout de trois jours se fêle.

Il faut mettre les œufs en couve
Quand on est près de la pleine lune.

La météo et les dictons

La pluie et les dictons

Pluie du matin
N'arrête pas le pèlerin.

Si petite pluie veut,
Elle rend grand vent silencieux.

Une averse
Ne fait pas la récolte.
Proverbe créole.

La brume et les dictons

Brume basse,
Temps passe.

La neige et les dictons

Huit jours de neige, c'est fumure,
Huit jours au delà, c'est poison.

La grêle et les dictons

Grêle n'est mauvaise
Que là où elle tombe.

Les nuages et les dictons

Ciel pommelé
N'est pas de longue durée.

Ciel, soleil, arc-en-ciel et les dictons

Rouge au matin, pluie en chemin,
Rouge au soir, beau temps en espoir.

Un ciel rose à la fin du jour
Du beau temps promet le retour.

Temps sanguin
Annonce pluie du lendemain.

Temps cuivreux au couchant
Annonce la pluie sûrement.

Le ciel rouge au couchant
Annonce la pluie ou le vent.

Soleil rouge le matin
Fait trembler le marin.

Rougeur du soir, espoir,
Rougeur du matin, chagrin.

Petit soleil, petit vent,
Grand soleil, grand vent.

Arc-en-ciel du soir
Fait beau temps prévoir.

Le tonnerre et les dictons

Quand il tonne hors saison,
Pluie ou neige sans raison.

Le vent et les dictons

Vent du nord, beau temps,
Vent du midi, pluie,

Vent du sud-est, tempête,
Vent du sud-ouest, orage.

Les saisons et les dictons

Les saisons sont à l'origine de nombreux dictons. Nos ancêtres vivaient à leur rythme et redoutaient plus que tout ce que l'on appelle aujourd'hui les « caprices de la météo ». Ils leur préféraient un « temps de saison ».

L'hiver donne le froid,
le printemps la verdure,
L'été le blé et l'automne
le vin.

Le printemps :

Une hirondelle
Ne fait pas le printemps.

Une fleur
Ne fait pas le printemps.

Printemps secs,
Étés pluvieux.

Printemps tardif,
Précoce hiver.

Printemps pluvieux,
Beaucoup de foin, peu de blé.

Jamais pluie de printemps
N'a passé pour mauvais temps.

Il ne faut pas se marier au
printemps,
Car mois de fleurs, vie de pleurs.

L'été :

Labour d'été
Vaut fumier.

Été bien doux,
Hiver en courroux.

L'automne :

Bel automne vient plus souvent
Que beau printemps.

Les agneaux de l'automne
Sont toujours faibles.

L'hiver :

Quand en hiver est été,
Mais en été l'hivernée,
Cette contrariété
Ne fit jamais bonne année.

Les agneaux nés en hiver
Sont durs à élever.

Les animaux et les dictons

Il y a cent ans, c'est-à-dire il y a deux ou trois grands-mères – autant dire hier –, la France était, en majorité, rurale. Si nos grands-parents vivaient « naturellement » en symbiose avec la nature, ils étaient particulièrement proches des animaux, sauvages ou domestiques. À force de les côtoyer et de les observer, ils tirèrent des enseignements de leurs différents comportements. Cela donna naissance à des dictons, des maximes, des proverbes ou des sentences qui, pour eux, n'étaient rien d'autre que des constatations évidentes. D'autres formules, plus subtiles, sont empreintes de ce que l'on appelle « la sagesse paysanne ».

Les moutons et brebis :

Brebis maigre,
Agneau gras.

Belle brebis,
Agneau foireux.

Quand les brebis secouent leurs cloches,
La pluie approche.

Celui qui se fait agneau,
Le loup le mange.

Les agneaux qui se cognent la tête
Annoncent le mauvais temps.

Mieux vaut tondre l'agneau
Que le cochon.

Lorsque les moutons se serrent les uns contre les autres,
Le mauvais temps n'est pas loin.

Oiseau qui chante n'a pas soif,
Agneau qui bêle veut téter.

Brebis chétive
Paraît toujours agneau.

Pendant que l'agneau bêle,
La chèvre broute.

Elles partent agnelles au bal,
Et elles reviennent brebis.

La brebis noire
Fait des agneaux blancs.

Le ciel te garde des catarrhes, qui dans l'hiver sont ordinaires,
Et des agneaux qui ont le poil roux et les jambes fortes.

Dieu mesure le froid
À la brebis tondue.

Les bœufs et vaches :

Au début du xxe siècle, les bœufs étaient, encore plus que les chevaux, les compagnons de travail du paysan, d'où la longue liste de dictons les concernant !

Le bœuf :

Au lieu que ce seroit au bœuf de se plaindre,
C'est la charrette qui fait du bruit.

On mène en vain le bœuf à l'eau
S'il n'a soif.

Il vaut mieux être l'aiguillon
Que le bœuf.

Jamais bon bœuf
N'a ruminé à la charrue.

Vieux bœuf
Fait le sillon droit.

Un bon bœuf
Se réchauffe à la crèche.

Jamais bœuf à cornes courbées
Perdre à son maître n'a rien laissé.

L'homme est tenu par ses paroles,
Et le bœuf par ses cornes.

ou

On prend l'homme par la langue,
Et le bœuf par les cornes.

La force du cheval est dans le garrot,
Celle du bœuf est dans le jarret.

Si la taupe voyait,
Si la salamandre entendait,
Si le bœuf connaissait sa force,
Personne ne pourrait vivre sur terre.

Folie est de mettre
La charrue avant les bœufs.

« Mettre la charrue avant les bœufs » est toujours une expression très usitée, qui dit bien ce qu'elle veut dire.

Le grand bœuf apprend
Le petit à labourer.

Bœuf d'automne,
Cheval de printemps.

Il vaut mieux avoir, en paix, un œuf
Qu'en guerre, un bœuf.

Au pauvre, un œuf
Vaut un bœuf.

Mieux vaut promptement un œuf
Que demain un bœuf.

Qui vole un œuf,
Vole un bœuf.

D'un veau, on espère un bœuf,
Et d'une poule, un œuf.

Bœuf qui a trop mangé
Ne laboure pas droit.

Donne à l'ouvrier ce qui lui revient,
Et à bon bœuf ce qui lui convient.

Une belle chose
Est un bœuf.

Mieux vaut un bon bœuf
Qu'un mauvais cheval.

Bœuf étrillé et queue peignée
Sera la fleur du marché.

Ce n'est pas les grands bœufs
Qui font les grands journaux.

Le « journal » était une unité de mesure agraire qui correspondait à la surface qu'un paysan pouvait cultiver en une seule journée. Cette unité était variable selon les régions, le temps qu'il faisait, la nature du sol, les difficultés du terrain et, bien entendu, si le travail – notamment le labour – était effectué avec ou sans l'aide d'animaux. En moyenne, un journal travaillé avec un cheval ou un bœuf correspondait à un tiers d'hectare.

Il va à la boucherie
Plus de veaux que de bœufs.

Si les paysans, en cas de pénurie, consentaient à vendre quelques veaux, il était hors de question, pour eux, de se séparer de leur compagnon, outil de travail indispensable, car infatigable, qu'était le bœuf.

La force pour les bœufs,
L'adresse pour les hommes.

La vache :

Ce n'est pas la vache qui crie le plus fort
Qui donne le plus de lait.

Une vache ne sait pas ce que vaut sa queue
Jusqu'à ce qu'elle l'ait perdue.

Une vache qui lève la queue
Présage l'orage.

Une vache qui beugle comme un taureau
Ne mange pas de foin.

L'amour tombe aussi bien sur une bouse de vache
Que sur une feuille de rose.

Marie-toi avec une fermière
Qui a de la bouse de vache dans ses sabots.

Cela signifiait que la fille de la ferme convoitée était travailleuse !

Il faut que vache et bœuf
Soient libres dans leur cuir.

Ce proverbe concerne uniquement le bétail de trait. Il devait être plus en muscles qu'en chair.

Les chevaux et ânes :

À vieux cheval,
Collier neuf.

Les chevaux de trait mouraient généralement à la tâche. Rare était le paysan qui avait les moyens de changer de cheval lorsque celui-ci était vieux. Il préférait, c'est le sens de ce proverbe, commander au bourrelier, que l'on appelait le « marquis de la croupière », un nouveau collier, plus confortable pour tirer la charrue.

Un clou fait perdre un fer,
Un fer, un cheval.

Le paysan prenait particulièrement soin du bon ferrage de ses chevaux, mais aussi de ses bœufs, compagnons indispensables dans son travail. Aussi, le moindre petit village avait son maréchal-ferrant.

L'orgueil ne va bien
Qu'aux chevaux.

Ce vieux dicton de Bretagne, terre de chevaux au début du XXe siècle, a sans doute inspiré Pierre-Jakez Hélias pour le titre de son roman « Le Cheval d'orgueil ».

Cela ne se trouve pas
Sous la bouse d'un cheval.

Se dit d'une chose irréalisable, car chacun sait la différence entre une bouse de vache et du crottin.

À laver la tête d'un âne,
On ne fait que perdre sa lessive.

Les ânes secouent leur tête
Pour annoncer le mauvais temps.

Âne qui brait,
Pluie et vent.

Âne qui brait sans fin,
Pluie le lendemain.

La basse-cour :

Quand le coq chante à midi,
Pluie l'après-midi.

ou, au contraire,

Si le coq chante à midi,
Présage de beau temps.

Si le coq chante à quatre heures (de l'après midi),
Le temps va changer.

Si le coq chante le soir,
Il va pleuvoir.

Si les poules rentrent de bonne heure au poulailler,
C'est signe de beau temps.

Lorsque les poules se grattent,
C'est signe de mauvais temps.

Si les poules restent sous la pluie,
Celle-ci n'est pas de sitôt finie.

Pintade perchée
Annonce la pluie.

Quand les oies sont perchées,
Il fera beau le lendemain.

On utilise souvent ce proverbe lorsque l'on voit une personne perchée sur un tabouret.

Si les canards battent de l'aile dans la mare,
Il va pleuvoir.

Les chiens :

Aucun paysan
Ne donne du lard au chien.

Autrefois, les chiens des fermes se contentaient des restes… et ne s'en portaient, *a priori,* pas plus mal !

Ce que l'homme épargne de sa bouche,
Le chat ou le chien vient, qui l'embouche.

Chien qui aboie
Ne mord pas.

Les poils du chien
Guérissent la morsure du chien.

Ce remède de bonne femme reste à vérifier…

Qui veut noyer son chien
L'accuse de la rage.

Expression devenue courante au sens figuré.

Les chats :

Quand un chat passe sa patte derrière l'oreille,
C'est signe de mauvais temps.

Vérifiez-le, vous verrez !

Quand les chats se perchent haut,
Orage assuré.

Là où le chat n'est,
Souris s'y révèlent.

ou

Quand le chat n'est pas là,
Les souris dansent.

ou

Qui ne nourrit pas le chat
Nourrit le rat.

À l'origine, ces trois maximes voulaient dire la même chose. Dans les fermes, où l'on faisait souvent sécher le grain au grenier, il était indispensable d'avoir des chats pour épargner la récolte des dégâts causés par les rongeurs. Le sens originel de la deuxième maxime s'est, tout le monde le sait, généralisée.

Les cochons :

Dans le cochon,
Tout est bon.

D'un bon cochon,
Jusqu'aux poils, tout est bon.

Si les pourceaux sautent,
C'est signe de mauvais temps.

Les renards :

*Il ne faut pas
charger le renard
De garder les oies.*

Les loups :

*Quand le loup sèche sa paille,
Il fera beau pendant quarante
jours.*

C'est-à-dire quand il quitte sa tanière.

*Les loups n'ont jamais
Fait des agneaux.*

Les rats :

*Qui a un gros tas de paille
A aussi de gros rats.*

Les petites bêtes :

*Les mouches assoiffées
Piquent quand le temps va changer.*

*Lorsque le mauvais temps arrive,
Les papillons voltigent près des
fenêtres.*

*Lorsque l'araignée délaisse les
coins sombres,
C'est signe de beau temps.*

*Quand l'abeille tarde à rentrer,
Il pleuvra le lendemain.*

*Guêpes agitées,
Averses orageuses.*

Les oiseaux :

*Si les chouettes
hululent au
crépuscule,
Il fera beau.*

*Lorsque les pies
construisent haut leurs nids,
L'été sera chaud.*

En procédant ainsi, elles et leurs petits bénéficieront de plus de fraîcheur.

*Lorsque la pie fait son nid bas,
Des orages durent l'été.*

*Par temps d'orage,
L'hirondelle monte aux nuages.*

Par « temps d'orage », il faut entendre ici un temps où l'air est chaud. Lorsque c'est le cas, les insectes, dont se nourrissent les hirondelles, ont les ailes sèches et profitent des courants chauds pour s'élever dans le ciel. Par contre, quand l'air devient humide, ils ne bénéficient plus de ces courants et sont alourdis par cette humidité ambiante. Les hirondelles rasent donc le sol pour les gober en vol.

Les chauves-souris :

*Chauves-souris volant en grand
nombre
Annoncent beau temps dans la nuit
sombre.*

Les arbres, plantes, fleurs, fruits, cultures et les dictons

Le blé :

Attends que ton blé soit mûr
Pour manger du pain.

Champ bien semé
Rapporte du blé.

En petit champ
Croît bien bon blé.

Il faut prendre le blé comme il croît,
Et le temps comme il vient.

Ce proverbe n'est pas fataliste, il veut simplement dire qu'il faut laisser faire la nature.

On n'entame pas un sac de blé
Par le milieu.

Ce proverbe incite à ne pas faire les choses n'importe comment.

Filles, voyez l'épi de blé,
Quand il est beau, il baisse le nez.

Ce proverbe était destiné à inciter les jeunes filles à la modestie.

Peuple sans blé,
Mal assemblé.

Si le blé ne vient,
Le chardon vient.

Quand on se marie, on a blé et farine,
Une fois marié, ni blé ni farine.

Faut-il voir dans ce dicton malveillant une relation de cause à effet ?

Terre noire
Fait bon blé.

Les terres noires et grasses sont plus riches.

Qui vend sa paille vend son grain,
Qui vend son fumier vend son pain.

Le fumier était plus nécessaire que la paille.

Il vaut mieux dix ans glaner
Qu'une seule année moissonner.

C'est certainement moins dur !

Le foin :

Le mauvais foin saigne les chevaux,
Tond les moutons et tarit les vaches.

Souvent, celui qui travaille mange la paille,
Celui qui ne fait rien mange le foin.

Proverbe du Sud-Ouest. « Manger de la paille » était le lot des ouvriers agricoles lors des battages, car la « balle » qui sortait de la batteuse voletait de toute part.

Rentre ton foin
Tant que le soleil brille.

Ne fais pas les foins
Quand il y a du vent.

Les fruits :

Après la figue, un verre d'eau,
Après le melon, un verre de vin.

J'ai personnellement testé ce dicton. Il a raison.

Sur les fruits crus,
Vin pur.

Si tu aimes la groseille à maquereau,
Ne la mets jamais dans l'eau,
Mets-la dans le vin,
Ça te remettra d'entrain.

Sur poire,
Vin boire.

Les feuilles :

Feuilles des arbres dos au vent,
Annonce de mauvais temps.

Le pain :

Pain de blé passe aisément,
Pain de sarrasin s'arrête au gosier,
Pain sans son appelle l'amidon,
Pain de pigne s'en va en flocons,
Pain de millet s'en va en morceaux.

Le millet était une céréale pauvre, utilisée comme fourrage, mais dont les grains servaient à élaborer une farine qui était utilisée pour la fabrication de bouillies ou de pain.

Avec du pain et du vin
à la maison,
On peut s'estimer
heureux.

Divers :

Ail mince de peau,
Hiver court et beau.

Aucun vrai jardinier ne vous dira le contraire !

Année de noisettes,
Année de fillettes.

et

Année de noix,
Année de gars.

Et si vous le vérifiiez ? !

La vigne, le vin et les dictons

La France peut s'enorgueillir de cultiver, depuis l'époque gallo-romaine, des vignobles, devenus prestigieux, sur une grande partie de son territoire. Cependant, au début du xxe siècle, tous les paysans de ces régions viticoles s'improvisaient vignerons pour leur consommation personnelle. Ils avaient coutume de faire référence à la vigne et au vin pour exprimer, avec bonheur et saveur, nombre d'observations et de réflexions. En voici quelques unes, à consommer sans modération :

Le grand-père plante la vigne,
Son fils fait le vin,
Son petit-fils saura pourquoi.

Il faut souvent plusieurs générations pour qu'une jeune vigne donne une production de qualité.

Ce sont les tonneaux vides
Qui résonnent le plus.

Ce proverbe signifiait que les beaux parleurs étaient souvent ceux qui n'avaient rien à dire.

D'un tonnelet,
Ne fais pas un tonneau.

En quelque sorte : « n'exagère pas ».

Qui ne moissonne
Vendange.

Chaque vin
A sa lie.

Ce dicton signifie que toute chose a ses inconvénients.

Qui est dans la taverne
Pense être en vendange.

Le bon vin fait toujours
le bon vinaigre.

On peut toujours tirer avantageusement parti des bonnes choses.

C'est comme grêle
Après vendanges.

Ce proverbe voulait dire que « ce n'était pas grave » ; la grêle pouvait tomber, la vendange était rentrée.

Ils ont récolté
Avant les vendanges.

ou

Ils ont vendangé
Avant les bans.

Ces maximes sont à rapprocher de *Faire Pâques avant les Rameaux,* c'est-à-dire que la mariée était enceinte avant de passer à l'église.

À l'homme, donne ta fille,
Mais ni ton champ ni ta vigne.

Bruine est bonne à vigne,
Et à blé la ruine.

La vigne n'aime
Que l'ombre du paysan.

Comme chacun sait, la vigne préfère les endroits ensoleillés.

Vin versé
N'est pas avalé.

Tout peut arriver au dernier moment.

D'un bon cep, plante ta vigne,
Et d'une bonne mère, prends la fille.

Jolie fille
Vaut une vigne.

La vigne
Achète le pré.

À surface égale, une vigne valait plus cher qu'un pré. Aujourd'hui, ce n'est plus le cas partout !

Filles et vignes sont malaisées à garder,
Sans cesse, quelqu'un passe qui veut y goûter.

À l'homme de soixante ans,
Il faut donner aussi vite le vin que le pain.

Au début du XXe siècle, 60 ans était un âge « canonique » puisque l'espérance de vie moyenne des hommes était d'une quarantaine d'années dans de nombreux départements. Le vin était alors souvent considéré comme un stimulant qui donnait autant de force que le pain. C'est ainsi ! Le dicton suivant est de la même veine.

Après la soupe, un coup de vin
Préserve d'un écu au médecin.

Voir l'explication du proverbe précédent.

Aimer les filles et le vin
Bien souvent presque toujours amène triste fin.

Si le dicton le dit !

À mal de tête,
Pansement de vin.

Une façon comme une autre de soigner le mal par le mal.

Année de bon vin,
Beaucoup d'enfants.

Chacun sait qu'un bon vin fait tourner les têtes et chavirer les cœurs !

Après la pluie sort l'escargot,
Et le caquet après le vin.

Une autre façon de dire que le vin rend volubile puisque le « caquet », en référence au caquetage de la poule, signifie babillage et bavardage.

Après le carême,
Bois ton vin sans baptême.

En période de carême, on « baptisait » le vin en le coupant avec de l'eau.

Au matin, boit le vin blanc,
Le rouge au soir, pour le sang.

Aucun vigneron ne vous dira le contraire !

Beauté de femme et bon vin
Vous réveillent de bon matin.

Beauté sans bonté
Est comme vin éventé.

Dicton sympathique qui signifie qu'à la beauté d'une femme il faut préférer ses qualités.

Dans le vin, faites bien attention,
On trouve remède et poison.

Ce très vieux dicton a, semble-t-il, été remplacé par la formule : « À consommer avec modération. »

Il faut boire du vin comme un roi, et de l'eau,
Comme un taureau.

Autre dicton qui prêchait la modération.

De bon terroir,
Bon vin.

La vérité
Est dans le vin.

Traduction du célèbre proverbe latin *In vino veritas*. Il signifie que celui qui a un peu trop bu est enclin à dire tout ce qu'il pense.

Du vin aux femmes, de l'avoine aux chèvres,
Butin perdu !

Donner de l'avoine aux chèvres, qui se contentent de brouter les friches, était du gâchis. Ce dicton misogyne laissait penser qu'il en était de même lorsque l'on donnait du vin aux femmes !

Qu'importe le flacon,
Pourvu qu'on ait l'ivresse.

Qui a bu
Boira.

Aujourd'hui, on parlerait d'« addiction ».

Eau et vin dans un estomac,
Chat et chien dans le même sac.

Femme de vin,
Femme de rien.

et

Homme de vin,
Homme de rien.

Deux dictons paritaires.

Il faut toujours mettre
De l'eau dans son vin.

Cette maxime de tempérance est toujours très usitée… au figuré.

On voit que quelqu'un a trop bu,
Mais on ne voit pas quand il a soif.

À fleur de femme,
Fleur de vin.

Une femme de bien mérite du bon vin.

On ne doit pas tenir pour bon voisin
L'ami de tasse de vin.

L'amitié nouée autour d'un verre est précaire.

Bon vin et bonne chère
Chassent la médecine en l'air.

Voilà un dicton épicurien.

Femmes jeunes et vins vieux
Sont les plaisirs des dieux.

Dicton encore plus épicurien que le précédent !

Le bon vin fait du bien aux femmes
Quand les hommes le boivent.

Chacun peut interpréter ce proverbe à sa guise. Personnellement, je ne m'y hasarderai pas !

L'eau gâche le vin,
La charrette, le chemin,
Et la femme, l'homme.

Encore un dicton misogyne !

Le vin est le lait
Des vieillards.

Quand bon est le vin,
Émiettes-y ton pain.

À l'inverse, dans les campagnes du Limousin, on rajoutait du vin pour finir sa soupe de pain. On appelait cela « faire chabrot » ou « faire chabrol ».

Quand nous serons morts,
Fouira la vigne qui pourra.

Vivons et ne nous tracassons pas de ce qu'il adviendra après notre mort. Le verbe « fouir » signifie travailler la terre au pied des ceps de vigne.

On ne boit pas pour se désaltérer,
Mais pour se donner soif.

Sans doute le cas des « bois-sans-soif ».

Quand le vin est tiré,
Il faut le boire.

Il ne faut pas s'arrêter en chemin.

Blanc sur rouge, rien ne bouge,
Rouge sur blanc, tout fout le camp.

Entendre « vin blanc » et « vin rouge ». Ma belle-mère Yvonne, qui vivait en Bourgogne, défendait, comme beaucoup, cet ancien dicton, aujourd'hui battu en brèche par certains œnologues.

Mieux vaut dire d'un verre qu'il est
à moitié plein,
Plutôt qu'à moitié vide.

Il est toujours préférable de voir le bon côté des choses.

À méditer…

Certains proverbes et dictons étaient, pour ainsi dire, des sentences philosophiques élaborées que je ne résiste pas au plaisir de vous proposer, même si je ne partage pas (toujours) le caractère sexiste ou misogyne de quelques-uns. Je ne fais que les livrer, c'est à vous de les méditer.

Si la fournée de pain est manquée,
C'est une semaine de perdue ;
Si la moisson est mauvaise,
C'est une année de perdue ;
Si le mariage est funeste,
C'est une vie de perdue.

Fille qui siffle,
Vache qui beugle comme un taureau,
Poule qui chante le coq,
C'est trois bêtes de trop.

De trois choses, Dieu nous garde :
De bœuf salé sans moutarde,
D'un valet qui se regarde,
Et de femme qui se farde.

Femme barbue,
Brebis avec cornes,
Bœuf de race gasconne,
Vous êtes trois diables.

Il faut se garder du devant d'un bœuf,
Du derrière d'un cheval,
Et d'un moine de tous côtés.

Femme près de la fenêtre,
Champ près d'une rivière,
Vigne au bord du chemin,
Ont toujours mauvaise fin.

Beaucoup de filles,
De mauvaises voisines,
Et de vieilles vignes
Ruinent la maison.

Remerciements… anticipés :

Un livre n'aurait pas suffit à collecter tous les proverbes et dictons de bon sens du monde paysan, encore utilisés dans les campagnes des différentes régions de France. Cependant, je ne saurais que trop remercier les lecteurs de m'adresser les dictons qui ne figurent pas dans cet ouvrage et qu'ils considèrent comme particulièrement judicieux.

table des matières

notes**

notes**

notes**

notes**

notes**

notes**

notes**

Abeilles

pg : 69

94

156

189

notes**

Vin ! pages 193 à 196

page 119 (no comment!)

124

130 et 131

135

page 55 } (avril)

page 61 }

page 67/71 (Mai) 71 saint de glace

73 ⚠ et 74

107 (Août)

Cet ouvrage a été achevé d'imprimer sur Roto-Page
par l'Imprimerie Floch à Mayenne
pour le compte des Éditions Sud Ouest

Dépôt légal : juin 2009
N° d'édition : 28260.02.02.07.09 – N° d'impression : 74219
Imprimé en France